佛教文化经典丛书

白话观无量寿经

全注·全译·文白对照

注译◎魏琪

陕西新华出版 三秦出版社

图书在版编目（CIP）数据

白话观无量寿经/魏琪 注译.—西安：三秦出版社，2021.11（2025.9重印）

（佛教文化经典丛书）

ISBN 978-7-80628-189-5

Ⅰ.①白… Ⅱ.①魏… Ⅲ.①观无量寿经-注释②观无量寿经-译文 Ⅳ.① B946.8

中国版本图书馆 CIP 数据核字（2002）第 064250 号

佛教文化经典丛书
白话观无量寿经
魏 琪 注译

出版发行	三秦出版社
社　　址	西安市雁塔区曲江新区登高路1388号
电　　话	（029）81205236
邮政编码	710061
印　　刷	三河市兴达印务有限公司
开　　本	720mm×1000mm　1/16
印　　张	11.75
字　　数	156千字
版　　次	2021年11月第2版
印　　次	2025年9月第7次印刷
标准书号	ISBN 978-7-80628-189-5
定　　价	58.00元

网　　址　http://www.sqcbs.cn

总　序

　　佛教于公元前6世纪诞生在印度次大陆，西汉时期传入中国，与中国固有文化发生冲突和融合，使得中国传统文化变得更加丰富多彩，博大精深，逐渐形成了以儒家文化为主、以道家文化和佛教文化为辅的文化格局。这种格局几乎贯穿于整个中国封建时代。要真正了解中华传统文化，就必须了解中华佛教文化。随着社会历史的风云际会，文化潮流的峰回路转，在人类迈入新世纪之时，越来越多的人们开始把目光投向神秘的佛教文化。

　　佛教文化的载体就是各个时代传下来的汗牛充栋的佛教经典。正如儒家典籍分为经、史、子、集一样，佛教典籍也细分为经、律、论三大类，号称"佛法三藏"。"经"的地位最高，是佛陀为指导弟子修行所宣说的理论。因此，今天的人们最为关注的也就是这些"佛经"。

　　人们激赏、关注佛经，有着各种各样的动机。不管怎样，佛经毕竟已经不再局限于佛教内部，不再只是佛门弟子朝夕诵读的宝卷。学者们探幽发微，极力领悟通达无碍的大乘般若，解读出神入化的因明思辨，进而把握佛教文化与中国文化的脉络。普通人出于修身养性的需要，在接受了儒家和道家四书五经、道德南华的洗礼之后，自然而然地渴求从佛家的经典中汲取智慧和精神营养。如果说读书是千古风雅之事，那么读佛经更是被看做雅中之雅。正如明代学者陈继儒所言："闭门阅佛书，开门接佳客，出门寻山水，此人生三乐。"相信不少人就是抱着这种心态去读佛经的。

读佛经固然富有禅意，可是佛经却并非人人都能读懂，除了少数学者外，即使是终日诵习的佛门弟子，也常常受到"文字障"的困扰，更不用说一般读者了。有鉴于此，我社应读者的要求，组织国内佛教研究专家，编写了这套"佛教文化经典丛书"，选取十一部在佛教史上影响最大、在中国僧俗群众中名气最大的著名经典，详加注解破译，以便让深邃精妙的禅机法慧，化作为大众所喜闻乐见的菩提甘泉，滋溉读者的心田。这十一部经典是：《金刚经》、《法华经》、《圆觉经》、《地藏菩萨本愿经》、《六祖坛经》、《楞伽经》、《楞严经》、《阿弥陀经》、《无量寿经》、《观无量寿经》、《胜鬘经》。注译者抱着高度负责的态度，发扬当年译经大德的精神，潜心体悟，字斟句酌，力求使"二次传译"保持原经文的神韵，而又不失质朴和通俗晓畅。我们真诚地希望广大读者提出宝贵的意见，以便使丛书越出越好。

目　录

序 …………………………………… 001
经文集录 …………………………… 001
经文注译 …………………………… 018

序

《观无量寿佛经》，又称《观无量寿经》，简称《观经》，与《无量寿经》《阿弥陀经》共为净土宗所依据的主要经典，合称"净土三经"。此经一开始讲述了一个发生在古印度王舍城中的故事：王舍城太子受提婆达多调唆，幽闭其父王频婆娑罗于七重密室，并将千方百计帮助父王的母后韦提希夫人幽禁在王宫中。看见儿子如此不孝，韦提希夫人痛不欲生，求告于佛，希望佛能救她出苦难，往生佛国净土。佛即为她宣说西方净土的无限美妙庄严和往生净土的十六种观想法门，即日观、水观、地观、树观、八功德水观（池观）、总想观、花座观、佛像观、色身观、观音观、势至观、上辈生观、中辈生观、下辈生观。前十三观是从"依报"（国土）和"正报"（西方三圣）去观想极乐世界和阿弥陀佛、观世音、大势至这西方三圣的功德妙相；后三观讲的是依据个人的信仰程度及修为对往生西方净土者所分的三品九等。

经文为我们描绘了西方极乐净土的殊胜美妙，教主阿弥陀佛、左右胁侍观世音和大势至的殊胜功德以及往生净土的十六观想法门。奉劝众生信仰净土，受持观想法门，以便死后往生此极乐世界，永离苦海。

经中所宣讲的净土信仰，也就是大乘佛教所谓的彼岸世界信仰。所谓净土，是相对世俗有情众生居住的所谓"秽土"、"秽国"而言的。净土思想起源很早，在古印度婆罗门和小乘佛教中，都可找到渊源。然直到大乘佛教产生之后，才成为系统的思想。但在印度并不流行，而一经传入中国，则大受欢迎，很快流传起来，所以，对净土的信仰成为中国大乘佛教的一大特色。

我国的净土信仰最早可溯源到东晋。当时，有位叫法旷的僧人推崇《法华》和《无量寿》二经，"有众则讲，独处则诵"。但由于经典翻译不齐备，特别是缺乏组织传播，所以尚属星星之火。稍后一点，一位很有能力的组织者出现了，他就是东晋名僧慧远，他组织僧、俗百余人在庐山般若台精舍阿弥陀佛像前建斋立誓，结社念佛，共期往生西方。传说他还组织了固定的团体"白莲社"，专修净业。但慧远宣传的对象只是一些社会上层人物，注重理论知识，且严格区分圣人和凡夫所达到的境界。所以，这一时期，汉地的阿弥陀佛信仰在社会上仍有相当的局限性。

打破这种局限性，为后世净土宗奠定基础的是北朝昙鸾，他认为一切众生都可往生净土，提倡念佛，并进而认为靠佛的愿力就可求得往生。其弟子道绰还发明了掐珠念佛、数豆念佛等方法，他本人每天念佛七万声，主张在当时的"末法时代"，只有凭借阿弥陀佛的愿力，才能往生净土。此后，净土信仰才开始具备普遍性、群众性和平民性，成为当时最为普及的修行方法。

净土宗的正式创立人是唐代早期的善导。他是道绰的门徒，著述丰富，净土宗的理论和仪式在他那里达到完备。据《佛祖统记》卷二十六记载，善导演说净土法门三十余年，"长安道俗传授净土法门者不可胜数，从其化者至有诵《弥陀经》十万至五十万卷者，念佛日课万声至十万声者。"善导在信徒中有"弥陀化身"之称。

中唐以后，净土信仰广泛流行，成立了许多净土结社。后来净土信仰与禅宗结合，形成所谓"禅净双修"的模式，这个模式所包含的文化意义在于将出世信仰世俗化，彼岸世界就在此岸之中，就在人的内心中。

佛教在它产生初期是一种力主"自力拯救"的宗教，认为每个人只有通过自己的努力修习，才能断绝前世所造之"业"，跳出六道轮回，得到解脱，所以，特别看重个人的宗教修持。与之相反，大乘净土思想却宣传了另一条解脱的道路，主张依他力与内力结合求取来世的解脱和幸福。即以念佛修行为内因，以弥陀愿力为外缘，内外相应往生净土，脱离苦海。其修持法门说到底就是念佛，念佛在佛教中分三类：1.称名念佛，2.观想念佛，3.实相念佛。

所谓"观想念佛"，就是《观无量寿佛经》所阐发的修持法门（即通过静坐入定，专心思念观想佛的相貌及所居佛土），在净土宗早期较为流行。如净土宗之始祖慧远所修便是此法，创始人善导曾专修《观经》中的十六观。宋元以后，《阿弥陀经》所宣扬的"称名念佛"大行其道，成为净土宗的主要修持手段，"观想念佛"退为其次。"称名念佛"比"观想念佛"更为简单易行，可以说不用自己修行，只要相信阿弥陀佛及其所教化的西方极乐世界的存在（"信"），发大愿心愿意往生西方极乐世界（"愿"），并剔除所有杂念，一心一意称念阿弥陀佛的名号（"行"），那么，死后就可往生西方极乐世界，享受在现实生活中无法享受到的幸福快乐，得到永生。由于此法殊胜简易，迅速为广大百姓接受，被称为"易行道"。阿弥陀佛的知名度也居众佛之首。"实相念佛"的理论色彩很强，要通过"非有非空、中道之相"之类的理论修养才能做到，在净土信徒中缺乏普遍性。

《观无量寿佛经》经文约万字，本书对其做了较为详尽的注译和说明，力求准确、清楚、全面。但因本人修为所限，加之佛理广袤深奥，故定有疏漏、纰缪之处，万望专家读者不吝赐教。

魏　琪
于西安雁塔

佛说观无量寿佛经

南朝刘宋　畺良耶舍译

经文集录

如是我闻。一时，佛在王舍城耆阇崛山中，与大比丘众千二百五十人俱。菩萨三万二千，文殊师利法王子而为上首。

尔时王舍大城有一太子名阿阇世，随顺调达恶友之教，收执父王频婆娑罗，幽闭置于七重室内。制诸群臣，一不得往。国太夫人名韦提希，恭敬大王，澡浴清净，以酥蜜和，用涂其身，诸璎珞中，盛蒲萄浆，密以上王。尔时，大王食麨饮浆，求水漱口。

漱口毕已，合掌恭敬，向耆阇崛山遥礼世尊，而作是言："大目犍连，是吾亲友，愿兴慈悲，授我八戒。"时目犍连，如鹰隼飞，疾至王所，日日如是，授王八戒。世尊亦遣尊者富楼那为王说法。如是时间经三七日，王食麨蜜，得闻法故，颜色和悦。

时阿阇世问守门者："父王今者犹存在耶？"时守门人白

言:"大王,国太夫人身涂麨蜜,璎珞盛浆,持用上王。沙门目犍连、富楼那从空而来,为王说法,不可禁制。"时阿阇世闻此语已,怒其母曰:"我母是贼,与贼为伴。沙门恶人,幻惑咒术,令此恶王,多日不死。"即执利剑,欲害其母。

时有一臣名曰月光,聪明多智。及与耆婆,为王作礼,白言:"大王,臣闻《毗陀论经》说:劫初以来,有诸恶王,贪国位故,杀害其父一万八千,未曾闻有,无道害母。王今为此杀逆之事,污刹利种,臣不忍闻。是旃陀罗,我等不宜,复住于此。"时二大臣说此语竟,以手按剑,却行而退。时阿阇世惊怖惶惧,告耆婆言:"汝不为我耶?"耆婆白言:"大王,慎莫害母!"王闻此语,忏悔求救,即便舍剑,止不害母。敕语内官:"闭置深宫,不令复出。"

时韦提希被幽闭已,愁忧憔悴,遥向耆阇崛山,为佛作礼,而作是言:"如来世尊,在昔之时,恒遣阿难来慰问我。我今愁忧,世尊威重,无由得见。愿遣目连,尊者阿难与我相见。"作是语已,悲泣雨泪,遥向佛礼。

未举头顷,尔时世尊在耆阇崛山,知韦提希心之所念,即敕大目犍连及以阿难从空而来。佛从耆阇崛山没,于王宫出。时韦提希礼已举头,见世尊释迦牟尼佛身紫金色,坐百宝莲花。目连侍左,阿难侍右,释梵护世诸天在虚空中,普雨天华,持用供养。

时韦提希见佛世尊,自绝璎珞,举身投地,号泣向佛白言:"世尊,我宿何罪,生此恶子?世尊复有何等因缘,与提婆达多共为眷属?唯愿世尊为我广说无忧恼处,我当往生，不乐阎浮提浊恶世也！此浊恶处地狱、饿鬼、畜生盈满，多不善聚。愿我未来不闻恶声，不见恶人。今向世尊五体投地，求哀忏悔，唯愿佛日教我观于清净业处。"

尔时世尊放眉间光，其光金色，遍照十方无量世界，还住佛顶，化为金台，如须弥山。十方诸佛净妙国土皆于中现。或有国土，七宝合成；复有国土，纯是莲华；复有国土，如自在天宫；复有国土，如玻璃镜。十方国土，皆于中现。有如是等无量诸佛等国土，严显可观，令韦提希见。

时韦提希白佛言："世尊，是诸佛土，虽复清净，皆有光明，我今乐生极乐世界阿弥陀佛所。唯愿世尊教我思惟，教我正受。"

尔时世尊即便微笑，有五色光从佛口出。一一光照频婆娑罗王顶。尔时大王虽在幽闭，心眼无障，遥见世尊，头面作礼，自然增进，成阿那含。

尔时世尊告韦提希："汝今知不，阿弥陀佛去此不远？汝当系念，谛观彼国净业成者。我今为汝广说众譬，亦令未来世一切凡夫欲修净业者，得生西方极乐国土。

"欲生彼国者，当修三福。一者，孝养父母，奉事师长，慈心不杀，修十善业；二者，受持三归，具足众戒，不犯威仪；三者，发菩提心，深信因果，读诵大乘，劝进行者。如此三事，名为净业。"佛告韦提希"汝今知不？此三种业乃是过去、未来、现在三世诸佛净业正因。"

佛告阿难及韦提希："谛听！谛听！善思念之。如来今者为未来世一切众生，为烦恼贼之所害者说清净业。善哉，韦提希,快问此事。"

"阿难,汝当受持,广为多众,宣说佛语。如来今者教韦提希及未来世一切众生,观于西方极乐世界。以佛力故,当得见彼清净国土,如执明镜自见面像。见彼国土极妙乐事,心欢喜故,应时即得无生法忍。"

佛告韦提希:"汝是凡夫,心想羸劣,未得天眼,不能远观。诸佛如来,有异方便,今汝得见。"

时韦提希白佛言:"世尊!如我今者,以佛力故,见彼国土;若佛灭后,诸众生等,浊恶不善、五苦所逼,云何当见,阿弥陀佛极乐世界?"

佛告韦提希:"汝及众生,应当专心系念一处,想于西方。云何作想?凡作想者,一切众生,自非生盲。有目之徒,皆见日没。当起想念,正坐西向,谛观于日欲没之处,令心坚住,专想不移。见日欲没,状如悬鼓。既见日已,闭目开目,皆令明了。是为'日想',名曰'初观'。作是观者,名为正观。若他观者,名为邪观。"

佛告阿难及韦提希:"初观成已,次作水想。想见西方一切皆是大水,见水澄清,亦令明了,无分散意。既见水已,当起冰想。见冰映彻,作琉璃想。此想成已,见琉璃地内外映彻。下有金刚七宝金幢擎琉璃地,其幢八方、八楞具足,一一方面,百宝所成。一一宝珠,有千光明。一光明八万四千色,映琉璃地,如亿千日,不可具见。琉璃地上,以黄金绳杂厕间错,以七宝界,分齐分明。一一宝中,有五百色光,其光如花,又似星月,悬处虚空,成光明台。楼阁千万，百宝合成。于台两边，各有百亿花幢、无量乐器、以为庄严。八种清风从光明出，鼓此乐器，演说苦、空、无常、无我之音。是为'水想'，名'第二观'。"

"此想成时，一一观之，极令了了。闭目开目，不令散失。唯除食时，恒忆此事。作此观者，名为正观。若他观者，名为邪观。佛告阿难及韦提希，水想成已，名为粗见极乐国地。若得三昧，见彼国地，了了分明，不可具说，是为'地想'，名'第三观'。"

佛告阿难："汝持佛语，为未来世一切大众欲脱苦者，说是观地法。若观是地者，除八十亿劫生死之罪。舍身他世，必生净国，心得无疑。作是观者，名为正观。若他观者，名为邪观。"

佛告阿难及韦提希："地想成已，次观宝树。观宝树者，一一观之，作七重行树想。一一树高八千由旬，其诸宝树，七宝华叶，无不具足。一一华叶，作异宝色：琉璃色中出金色光，玻璃色中出红色光，玛瑙色中出砗磲光，砗磲色中出绿真珠光。珊瑚琥珀，一切众宝，以为映饰。妙真珠网，弥覆树上，一一树上，有七重网，一一网间，有五百亿妙华宫殿，如梵王宫。诸天童子，自然在中。一一童子，有五百亿释迦毗楞伽摩尼，以为璎珞。其摩尼光照百由旬，犹如和合百亿日月，不可具名。众宝间错，色中上者。此诸宝树，行行相当，叶叶相次。于众叶间，生诸妙华。华上自然有七宝果，一一树叶，纵广正等二十五由旬。其叶千色，有百种画，如天璎珞。有众妙华，作阎浮檀金色。如旋火轮，宛转叶间。涌生诸果，如帝释瓶。有大光明，化成幢幡，无量宝盖。是宝盖中，映现三千大千世界一切佛事。十方佛国亦于中现。见此树已，亦当次第一一观之，观见树茎枝叶华果，皆令分明。是为'树想'，名'第四观'。作是观者，名为正观，若他观者，名为邪观。"

佛告阿难及韦提希"树想成已，次当想水。欲想水者，极乐国土有八池水。一一池水七宝所成，其实柔软，从如意珠王生，分为十四支。一一支作七宝妙色，黄金为渠，渠下皆以杂色金刚以为底沙。一一水中，有六十亿七宝莲花。一一莲花，团圆正等十二由旬。其摩尼水流注花间，寻树上下。其声微妙，演说苦、空、无常、无我，诸波罗蜜。复有赞叹诸佛相好者，从如意珠王涌出金色微妙光明。其光化为百宝色鸟，和鸣哀雅，常赞念佛、念法、念僧。是为'八功德水想'，名'第五观'。作是观者，名为正观，若他观者，名为邪观。"

佛告阿难及韦提希："众宝国土，一一界上，有五百亿宝楼。其楼阁中，有无量诸天作天伎乐。又有乐器，悬处虚空，如天宝幢，不鼓自鸣。此众音中皆说念佛、念法、念比丘僧。此想成已，名为粗见极乐世界宝树宝地宝池，是为'总观想'，名'第六观'。若见此者，除无量亿劫极重恶业，命终之后，必生彼国。作是观者，名为正观，若他观者，名为邪观。"

佛告阿难及韦提希："谛听！谛听！善思念之。吾当为汝，分别解说除苦恼法。汝等忆持，广为大众分别解说。"

说是语时，无量寿佛住立空中，观世音、大势至，是二大士，侍立左右，光明炽盛，不可具见。百千阎浮檀金色，不得为比。时韦提希见无量寿佛已，接足作礼。白佛言："世尊，我今因佛力故，得见无量寿佛及二菩萨，未来众生，当云何观无量寿佛及二菩萨？"

佛告韦提希："欲观彼佛者，当起想念，于七宝地上作莲花想。令其莲花，一一叶上作百宝色，有八万四千脉，犹如天画。一一脉有八万四千光，了了分明，皆令得见。花叶小者纵广二百五十由旬。如是莲华，具有八万四千大叶；一一叶间，有百亿摩尼珠王，以为映饰。一一摩尼珠，放千光明，其光如盖，七宝合成，遍覆地上。释迦毗楞伽摩尼宝，以为其台。此莲花台，八万金刚甄叔迦宝、梵摩尼宝、妙真珠网以为校饰。于其台上，自然而有四柱宝幢。一一宝幢，如百千万亿须弥山；幢上宝幔如夜摩天宫，复有五百亿微妙宝珠，以为映饰。一一宝饰，有八万四千光；一一光作八万四千异种金色；一一金色遍其宝土，处处变化，各作异相。或为金刚台，或作真珠网，或作杂花云；于十方面，随意变现，施作佛事。是为'花座想'，名'第七观'。"

佛告阿难："如此妙花，是本法藏比丘愿力所成。若欲念彼佛者，当先作此妙花座想。作此想时，不得杂观。皆应一一观之，一一叶、一一珠、一一光、一一台、一一幢，皆令分明，如于镜中，自见面像。此想成者，灭除五百亿劫生死之罪，必定当生极乐世界。作是观者，名为正观，若他观者，名为邪观。"

佛告阿难及韦提希："见此事已，次当想佛。所以者何？诸佛如来是法界身，遍入一切众生心想中。是故，汝等心想佛时，是心即是三十二相、八十随形好。是心作佛，是心是佛，诸佛正遍知海从心想生。是故，应当一心系念，谛观彼佛、多陀阿伽度、阿罗诃、三藐三佛陀。想彼佛者，先当想像，闭目开目，见一宝像，如阎浮檀金色坐彼华上。见像坐已，心眼得开，了了分明。见极乐国七宝庄严，宝地宝池，宝树行列。诸天宝幔，弥覆其上，众宝罗网，满虚空中。见如此事，极令明了，如观掌中。

"见此事已，复当更作一大莲华在佛左边，如前莲华等无有异。复作一大莲华，在佛右边，想一观世音菩萨像，坐左华座，亦放金色，如前无异。想一大势至菩萨像，坐右华座。此想成时，佛菩萨像皆放光明。其光金色，照诸宝树，一一树下，亦有三莲华。诸莲华上各有一佛二菩萨像，遍满彼国。此想成时，行者当闻水流光明及诸宝树，凫雁鸳鸯皆说妙法；出定入定，恒闻妙法。行者所闻，出定之时，意持不舍，令与修多罗合。若不合者，名为妄想；若与合者，名为'粗想见极乐世界'。是为'像想'，名'第八观'。作是观者，除无量亿劫生死之罪，于现身中得念佛三昧。作是观者，名为正观，若他观者，名为邪观。"

佛告阿难及韦提希："此想成已，次当更观无量寿佛身相光明。阿难当知，无量寿佛身如百千万亿夜摩天阎浮檀金色。佛身高六十万亿那由他恒河沙由旬。眉间白毫，右旋宛转，如五须弥山。佛眼清净，如四大海水，青白分明；身诸毛孔演出光明，如须弥山；彼佛圆光，如百亿三千大千世界；于圆光中，有百万亿那由他恒河沙化佛；一一化佛，亦有众多无数化菩萨以为侍者。无量寿佛有八万四千相。一一相中，各有八万四千随形好；一一好中，复有八万四千光明；一一光明，遍照十方世界念佛众生，摄取不舍。其光相好及与化佛不可具说。但当忆想，令心眼见；见此事者，即见十方一切诸佛。以见诸佛故，名'念佛三昧'。

"作是观者，名'观一切佛身'。以观佛身故，亦见佛心。诸佛心者，大慈悲是。以无缘慈，摄诸众生。作是观者，舍身他世，生诸佛前，得无生忍。是故智者应当系心，谛观无量寿佛。观无量寿佛者，从一相好入。但观眉间白毫，极令明了。见眉间白毫相者，八万四千相好自然当现。见无量寿佛者，即见十方无量诸佛。得见无量诸佛故，诸佛现前授记。是为'遍观一切色身相'，名'第九观'。作是观者，名为正观，若他观者，名为邪观。"

佛告阿难及韦提希："见无量寿佛了了分明已，次亦应观观世音菩萨。此菩萨身长八十万亿那由他恒河沙由旬，身紫金色。顶有肉髻，顶有圆光，面各百千由旬。其圆光中有五百化佛，如释迦牟尼。一一化佛，有五百化菩萨，无量诸天以为侍者。举身光中，五道众生，一切色相皆于中现。顶上毗楞伽摩尼宝，以为天冠。其天冠中，有一立化佛，高二十五由旬。观世音菩萨面如阎浮檀金色，眉间毫相备七宝色，流出八万四千种光明。一一光明有无量无数百千化佛；一一化佛，无数化菩萨以为侍者。变现自在，满十方世界。

臂如红莲花色,有八十亿微妙光明,以为璎珞;其璎珞中,普现一切诸庄严事;手掌作五百亿杂莲花色。手十指端,一一指端有八万四千画,犹如印文。一一画,有八万四千色;一一色,有八万四千光;其光柔软,普照一切。以此宝手接引众生。举足时,足下有千辐轮相,自然化成五百亿光明台。下足时,有金刚摩尼花,布散一切,莫不弥满。其余身相,众好具足,如佛无异。唯顶上肉髻及无见顶相不及世尊。是为'观观世音菩萨真实色身想',名'第十观'。"

佛告阿难:"若欲观观世音菩萨者,当作是观。作是观者,不遇诸祸,净除业障,除无数劫生死之罪。如此菩萨,但闻其名,获无量福,何况谛观?若有欲观观世音菩萨者,先观顶上肉髻,次观天冠。其余众相,亦次弟观之。悉令明了,如观掌中。作是观者,名为正观,若他观者,名为邪观。"

佛告阿难及韦提希:"次观大势至菩萨。此菩萨身量大小亦如观世音。圆光面各百二十五由旬,照二百五十由旬。举身光明,照十方国,作紫金色。有缘众生,皆悉得见,但见此菩萨一毛孔光,即见十方无量诸佛净妙光明。是故号此菩萨为'无边光',以智慧光普照一切,令离三,得无上力,是故号此菩萨名'大势至'。此菩萨天冠有五百宝花,一一宝花有五百宝台。一一台中,十方诸佛净妙国土广长之相皆于中现。顶上肉髻如钵头摩花。于肉髻上有一宝瓶,盛诸光明,普现佛事。余诸身相,如观世音等无有异。此菩萨行时,十方世界一切震动。当地动处,各有五百亿宝花;一一宝花，庄严高显，如极乐世界。此菩萨坐时，七宝国土一时动摇。从下方金光佛刹，乃至上方光明王佛刹，于其中间无量尘数分身无量寿佛，分身观世音、大势至，皆悉云集极乐国土。侧塞空中，坐莲花座，演说妙法，度苦众生。作此观者，名为'观见大势至菩萨'，是为观大势至色身相，观此菩萨者，名'第十一观'。除无数劫阿僧生死之罪。作是观者，不处胞胎，常游诸佛净妙国土。此观成已，名为'具足观观世音大势至'。作是观者，名为正观，若他观者，名为邪观。"

佛告阿难及韦提希："见此事时，当起想作心，自见生于西方极乐世界，于莲华中结跏趺坐，作莲华合想，作莲华开想。莲华开时，有五百色光来照身想、眼目开想，见佛菩萨满虚空中。水、鸟、树林及与诸佛所出音声，皆演妙法，与十二部经合。若出定之时，忆持不失，见此事已，名'见无量寿佛极乐世界'，是为'普观想'，名'第十二观'。无量寿佛化身无数，与观世音及大势至，常来至此行人之所。作是观者，名为正观，若他观者，名为邪观。"

佛告阿难及韦提希："若欲至心生西方者，先当观于一丈六像在池水上。如先所说无量寿佛身量无边，非是凡夫心力所及。然彼如来宿愿力故，有忆想者必得成就。但想佛像得无量福，况复观佛具足身相？阿弥陀佛神通如意，于十方国，变现自在。或现大身满虚空中，或现小身丈六八尺。所现之形皆真金色，圆光化佛及宝莲花，如上所说，观世音菩萨及大势至于一切处，身同众生，但观首相，知是观世音，知是大势至。此二菩萨助阿弥陀佛普化一切,是为'杂想观',名'第十三观'。作是观者,名为正观,若他观者,名为邪观。"

佛告阿难及韦提希:"凡生西方有九品人。上品上生者:若有众生愿生彼国者,发三种心即便往生。何等为三?一者至诚心,二者深心,三者回向发愿心。具三心者,必生彼国。复有三种众生,当得往生。何当为三?一者,慈心不杀,具诸戒行;二者,读诵大乘方等经典;三者,修行六念、回向发愿,生彼佛国。具此功德,一日乃至七日,即得往生。生彼国时,此人精进勇猛故,阿弥陀如来与观世音、大势至、无数化佛、百千比丘、声闻大众、无量诸天、七宝宫殿,观世音菩萨执金刚台,与大势至菩萨至行者前。阿弥陀佛放大光明,照行者身,与诸菩萨授手迎接。观世音、大势至与无数菩萨赞叹行者,劝进其心。行者见已,欢喜踊跃。自见其身,乘金刚台,随从佛后,如弹指顷,往生彼国。生彼国已,见佛色身众相具足,见诸菩萨色相具足,光明宝林,演说妙法。闻已即悟无生法忍。经须臾间,历事诸佛,遍十方界。于诸佛前,次弟受记,还至本国,得无量百千陀罗尼门,是名'上品上生者'。

"上品中生者:不必受持读诵方等经典,善解义趣。于第一义,心不惊动,深信因果,不谤大乘。以此功德回向,愿求生极乐国。行此行者,命欲终时,阿弥陀佛与观世音及大势至、无量大众眷属围绕,持紫金台至行者前,赞言:'法子,当行大乘,解第一义,是故我今来迎接汝。'与千化佛一时授手，行者自见坐紫金台，合掌叉手，赞叹诸佛，如一念顷，即生彼国七宝池中。此紫金台如大宝花，经宿则开。行者身作紫磨金色，足下亦有七宝莲华。佛及菩萨，俱放光明，照行者身，目即开明。因前宿习，普闻众声，纯说甚深第一义谛。即下金台，礼佛合掌，赞叹世尊。经于七日，应时即于阿耨多罗三藐三菩提得不退转。应时即能飞行，遍至十方，历事诸佛。于诸佛所，修诸三昧。经一小劫，得无生忍，现前受记，是名'上品中生者'。

"上品下生者：亦信因果，不谤大乘。但发无上道心，以此功德回向，愿求生极乐国。行者命欲终时，阿弥陀佛及观世音并大势至，与诸菩萨持金莲花，化作五百佛来迎此人。五百化佛一时授手，赞言：'法子，汝今清净，发无上道心，我来迎汝。'见此事时，即自见身坐金莲花。坐已花合，随世尊后，即得往生七宝池中。一日一夜，莲花乃开。七日之中，乃得见佛。虽见佛身，于众相好心不明了，于三七日后，乃了了见。闻众音声，皆演妙法，游历十方，供养诸佛。于诸佛前，闻甚深法，经三小劫，得百法明门，住欢喜地。是名'上品下生者'。是名'上辈生想'，名第'十四观'。作是观者，名为正观，若他观者，名为邪观。"

佛告阿难及韦提希："中品上生者：若有众生，受持五戒，持八戒斋，修行诸戒，不造五逆，无众过患。以此善根回向，愿求生于西方极乐世界。临命终时，阿弥陀佛与诸比丘眷属围绕，放金色光，至其人所，演说苦、空、无常、无我,赞叹出家,得离众苦。行者见已,心大欢喜,自见己身坐莲花台,长跪合掌,为佛作礼。未举头顷,即得往生极乐世界。莲花寻开。当花敷时,闻众音声,赞叹四谛,应时即得阿罗汉道,三明六通,具八解脱。是名'中品上生者'。

"中品中生者:若有众生,若一日一夜持八戒斋,若一日一夜持沙弥戒,若一日一夜持具足戒,威仪无缺,以此功德回向,愿求生极乐国,戒香熏修。如此行者,命欲终时,见阿弥陀佛与诸眷属放金色光,持七宝莲花至行者前。行者自闻空中有声赞言:'善男子,如汝善人,随顺三世诸佛教故,我来迎汝。'行者自见坐莲花上,莲花即合。生于西方极乐世界。在宝池中经于七日,莲花乃敷。花既敷已,开目合掌,赞叹世尊,闻法欢喜,得须陀洹。经半劫已,成何罗汉。是名'中品中生者'。

"中品下生者:若有善男子,善女人,孝养父母,行世仁慈。此人命欲终时,遇善知识,为其广说阿弥陀佛国土乐事,亦说法藏比丘四十八愿。闻此事已,寻即命终。譬如壮士,屈伸臂顷,即生西方极乐世界。经七日已,遇观世音及大势至,闻法欢喜,得须陀洹。过一小劫,成阿罗汉。是名'中品下生者'。是名'中辈生想',名'第十五观'。作是观者,名为正观,若他观者,名为邪观。"

佛告阿难及韦提希:"下品上生者:或有众生,作众恶业,虽不诽谤方等经典。如此愚人多造恶法,无有惭愧。命欲终时,遇善知识,为说大乘十二部经首题名字。以闻如是诸经名故,除却千劫极重恶业。智者复教合掌叉手,称南无阿弥陀佛。称佛名故，除五十亿劫生死之罪。尔时彼佛，即遣化佛、化观世音、化大势至至行者前，赞言：'善男子，以汝称佛名故，诸罪消灭，我来迎汝。'作是语已，行者即见化佛光明遍满其室。见已欢喜，即便命终。乘宝莲花随化佛后，生宝池中。经七七日，莲花乃敷。当花敷时，大悲观世音菩萨及大势至菩萨放大光明，住其人前，为说甚深十二部经。闻已信解，发无上道心。经十小劫，具百法明门，得入初地，是名'下品上生者'，得闻佛名、法名及闻僧名，闻三宝名。即得往生。"

佛告阿难及韦提希："下品中生者：或有众生，毁犯五戒、八戒及具足戒。如此愚人，偷僧祇物，盗现前僧物，不净说法，无有惭愧，以诸恶业而自庄严。如此恶人，以恶业故，应堕地狱。命欲终时，地狱众火，一时俱至。遇善知识，以大慈悲，即为赞说阿弥陀佛十力威德，广赞彼佛光明神力，亦赞戒、定、慧、解脱、解脱知见。此人闻已，除八十亿劫生死之罪，地狱猛火，化为清凉风，吹诸天华。华上皆有化佛菩萨，迎接此人。如一念顷，即得往生七宝池中莲花之内，经于六劫，莲华乃敷。当华敷时，观世音、大势至，以梵音声安慰彼人，为说大乘甚深经典。闻此法已，应时即发无上道心，是名'下品中生者'。"

佛告阿难及韦提希："下品下生者：或有众生作不善业，五逆十恶，具诸不善。如此愚人以恶业故，应堕恶道，经历多劫，受苦无穷。如此愚人，临命终时，遇善知识种种安慰，为说妙法，教令念佛。彼人苦逼，不惶念佛，善友告言：'汝若不能念彼佛者，应称无量寿佛。'如是至心，令声不绝，具足十念，称南无阿弥陀佛。称佛名故，于念念中，除八十亿劫生死之罪。命终之时，见金莲花，犹如日轮，住其人前。如一念顷，即得往生极乐世界。于莲花中满十二大劫，莲花方开。当花敷时，观世音、大势至以大悲音声，为其人广说实相，除灭罪法。闻已欢喜，应时即发菩提之心。是名'下品下生者'是名'下辈生想'，名第十六观。"

尔时世尊，说是语时，韦提希与五百侍女，闻佛所说，应时即见，极乐世界广长之相，得见佛身及二菩萨。心生欢喜，叹未曾有。豁然大悟，得无生忍。五百侍女发阿耨多罗三藐三菩提心，愿生彼国。世尊悉记，皆当往生。生彼国已，获得诸佛现前三昧。无量诸天，发无上道心。

尔时，阿难即从座起，白佛言："世尊，当何名此经？此法之要，当云何受持？"

佛告阿难："此经名《观极乐国土无量寿佛观世音菩萨大势至菩萨》，亦名《净除业障生诸佛前》。汝等受持，无令忘失。行此三昧者，现身得见无量寿佛及二大士，若善男子及善女人，但闻佛名、二菩萨名，除无量劫生死之罪，何况忆念。若念佛者，当知此人即是人中芬陀利花。观世音菩萨，大势至菩萨为其胜友，当坐道场，生诸佛家。"

佛告阿难："汝好持是语，持是语者，即是持无量寿佛名。"佛说此语时，尊者目犍连、尊者阿难及韦提希等闻佛所说，皆大欢喜。

尔时，世尊足步虚空，还耆阇崛山。尔时，阿难广为大众说如上事。无量诸天、龙、夜叉，闻佛所说皆大欢嘉，礼佛而退。

（此经据《大正新修大藏经》卷十二·宝积部下录出）

经文注译

【经文】

佛①说观无量寿佛经②南朝刘宋·畺良耶舍③译。

【注释】

①佛：梵文Buddha音译之略，全译"佛陀"、"佛驮"、"浮陀"、"浮屠"、"浮图"等。意译"觉者"、"智者"、"觉"。这里系指佛教创始人释迦牟尼。释迦牟尼，姓乔答摩，名悉达多。释迦，种族名，意为"能"；牟尼，亦译"文"，一种尊称，意为"仁""儒""忍""寂"。合为"能仁"、"能儒"、"能忍"、"能寂"等。释迦牟尼即为释迦族的"圣人"，是佛教徒对他的尊称。相传，乔答摩·悉达多是古印度北部迦毗罗卫国（在今尼泊尔南部提罗拉科特附近）净饭王的太子，活动年代约与中国孔子同时。幼时受传统的婆罗门教育，29岁（一说19岁）时因有感于人世生、老、病、死各种痛苦和烦恼及对当时婆罗门教不满，舍弃王族生活，别妻离子，出家修道。35岁（一说30岁）得道成佛。先在波罗奈城鹿野苑向其侍从说法，此后一直在印度北部、中部恒河流域进行说教，组建僧团，奠定原始佛教的基本教义。公元前486年，80岁高龄的释迦牟尼在拘尸那城外的娑罗双树下包环白花之香入灭，据传当时树林花朵开放、林色变白，仿佛仙鹤群居。逝世后，初被视为"先觉者"，尊为"佛"，后渐被神化。他创立的佛教也渐渐分化，其中，影响最大、在亚洲乃至全球广为广播的，主要有

大乘、小乘二大派。

"大乘"是梵文"摩诃衍那"的意译。"摩诃"意"大","衍那"为"乘载"、"道路"。公元 1 世纪时，在印度佛教内形成了一种新的教派，自称能"普度众生"，如同一条硕大的船能运载众生从生死此岸（即现实世界）到达涅槃解脱的彼岸，成就佛果，故自称"大乘"。早期的大乘佛教（约 1 世纪至 5 世纪）以宣扬"假有性空"的理论为主，逐步形成由龙树、提婆创始的中观学派。中期的大乘佛教（约 5 世纪至 6 世纪）以阐发"万法唯识"的佛经为主，从而形成由无著、世亲开创的瑜伽行学派。后期的大乘佛教（约 7 世纪至 13 世纪），义学日益衰微，密教起而代之，加之印度社会的变迁等各方面原因，使佛教渐在印度本土绝迹。主要经典有《般若经》、《维摩经》、《大般涅槃经》、《法华经》、《华严经》、《无量寿经》等。大乘佛教主要流传于中国、朝鲜、日本等国，属北传佛教。

"小乘"是梵文"希那衍那"的意译。"希那"意"小"。大乘佛教兴起后，即贬以前的原始佛教和部派佛教为"小道"、"小业"的小乘。后一直被学术界沿用，但不再含贬义。小乘佛教主要流传于斯里兰卡、泰国、缅甸、老挝、柬埔寨等南亚、东南亚各国，属南传佛教。主要经典有《阿含经》等。

大乘佛教和小乘佛教虽都遵守佛教基本教义，以释迦牟尼为创始人，追求涅槃解脱。但在许多方面持见不同，主要有以下几点：第一，小乘把佛陀释迦牟尼看做老祖宗，再崇高也是人，所以，小乘之"佛"专指释迦牟尼佛；大乘则把释迦牟尼绝对神化，提出其有二身、三身以至十身的说法，认为他是全智全能、先知先觉、大慈大悲、法力无边的最高人格神。其所言之"佛"泛指能"自觉"、"觉他"、"觉行圆满"者。不仅指释迦牟尼佛，还包括三世十方的无数佛，如过去的七佛，燃灯佛，未来的弥勒佛；东方香积世界的阿閦佛、须弥相佛……南方欢喜世界的日月灯佛、名闻光佛……西方极乐世界的无量寿佛、大光佛……北方莲花庄严世界的最胜音佛、焰肩佛等等。第二，小乘主张"我空法有"，否认实有的我体，承认客观物质世界的存在；而大乘主张"我法两空"。第三，小乘追求个人的自我解脱，主张修戒、定、慧三学（意即通过持守戒律、修习禅定而获得智慧）和八正道，以断除自己的一切烦恼，超脱生死，成就阿罗汉果位为最高目标；大乘则认为，没有众生的解脱，就没有个人的真正解脱，主张普度众生。在修行上，偏重于"六度"（布施、持戒、忍辱、精进、禅定、智慧）"四摄"（布施、爱语——对众生以慈爱的语言和态度加以劝慰，利行——做利于众生的事，同事——与众生同处，随机教化）的菩萨行。第四，小乘认为要实现修行的理想就必须出家；大乘却不那么严格，认为出家、居家皆可。

②观无量寿佛经："观"，佛教名词，梵文音译"毗婆舍那"、"毗钵舍那"等的意译。泛指一切思维观察活动，特指在佛教"正智"指导下对特定对象或义理的观察思维活动。《大乘义章》卷二："粗思名觉，细思名观"。《观经净影疏》："观音，系念思察，说以为观。"《净名经三观玄义》上："观以观穿为义，亦是观达为能。观穿者即是观穿见思恒沙无明之惑，故名观穿也，观达者达三谛之理。"《止观》卷五："法界洞朗，咸皆大明，名之为观。""止观"并用中的"观"含有"智慧"的意思，故又称"定慧"。依智"摄心入定"，又依"定"观察思维特定事物和义理，获得或巩固某种功德和智慧。"观"的种类甚多，按对治之"烦恼"、希望获得的功德以及成就的"智慧"之不同，观法亦有千差万别。

无量寿佛：即阿弥陀佛，佛名，梵文意译。密教称甘露王。净土宗的主要信仰对象。据称，阿弥陀佛是月上转轮圣王和殊胜妙颜夫人的儿子，修行前乃为国王，因受本国世自在王佛的影响，弃王位而出家修行，法名法藏。修行时曾立重誓：成佛后，愿显现出一个清静、快乐的世界——西方极乐世界，让十方（东方、南方、西方、北方、东南、东北、西南、西北、上、下，叫做十方）世界里一切愿往我土的众生，称念我的名号往生到此，享受种种快乐。后信仰者称阿弥陀佛为西方极乐世界的教主，能接引念佛之人往生"西方净土"，故又称之为"接引佛"。有13个名号：无量寿佛、无量光佛、无边光佛、无碍光佛、无对光佛、焰王光佛、清净光佛、欢喜光佛、智慧光佛、不断光佛、难思光佛、无称光佛、超日月光佛。无量寿佛是阿弥陀佛的13个名号之一，比喻其有无限量之寿命。

观无量寿佛经：佛经名，亦称《观无量寿经》，简称《观经》，为净土三部经之一。通过宗教神话传说宣讲西方阿弥陀极乐净土的无限美妙庄严，详细说明往生西方极乐净土的修行方法，即所谓的"三福"、"十六观"，提倡"观想念佛"法门，认为，只要真心修善持戒，或一心住念"南无阿弥陀佛"，就可剔除罪业，消除祸患，死后往生极乐净土。

"观想念佛"法门是净土宗的主要修持方法之一，早期尤为流行。宋以后，净土宗的另一法门"称名念佛"法门（为《阿弥陀经》所力倡）成为该宗修持的主要手段，"观想念佛"退为次要。

③畺良耶舍："畺"，音 jiāng。梵文音译，意译"时称"。据《高僧传》卷三载，为西域（今中亚一带）僧人，南朝宋文帝（刘义隆）元嘉元年（公元424年）至建康（今江苏南京）传法，受文帝礼遇敬重，请住钟山道林精舍。又应僧含之请译《观无量寿佛经》《观药王药上二菩萨经》各一卷，卒于元嘉十九年以后，享年60岁。

【白话】

观无量寿佛经

著者：佛祖释迦牟尼

译者：[南朝刘宋]畺良耶舍

【说明】

一、这一题头旨在说明《观无量寿经》得自佛祖真传,并点明译者。

二、《观无量寿佛经》汉译现存只有畺良耶舍这一种译本。另《历代三宝记》卷四和卷七,记载后汉和东晋有两种失佚本。《净土往生传》卷上《僧显传》有"显得梵僧传译新经,经之文备以净土三事因愿泪九品往生次第"的记载,似乎说出东晋时已有此经的译本。又《出三藏记集》卷四《新集失佚经录》中也列有此经名。由以上推断,此经古时有失佚本似乎不容置疑。至于《开元释教录》卷五《宝唱录》所载的南朝刘宋时昙摩蜜多亦译此经的说法,实属误传。

《观经》的梵文原本早已佚失,藏文未有译本。近世新疆发现有维吾尔文译本,日本西本愿寺藏有此片断。英文译本有日本高楠顺次郎于1894年依据汉文刘宋译本译出的译本,收于《东方圣书》卷四十九中。

《观无量寿佛经》自从刘宋畺良耶舍译出以后,这一观想往生的法门便日见弘通。乃至隋、唐以来各宗著名的大师如慧远(地论宗)、智𫖮(天台宗)、吉藏(三论宗)、善导(净土宗)、怀感(慈恩宗)、澄观(贤首宗)、元照(律宗)等都加以尊重奉持并广事疏讲。其中影响最大的当推善导的注疏,他不仅对经作了详细注解,并广泛发挥了此经的玄义。

此经的重要注疏,现存有隋代慧远的《义疏》二卷、智𫖮的《疏》一卷,吉藏的《义疏》一卷,唐代善导的《疏》四卷、法聪的《记》一卷,宋代元照的《义疏》三卷、戒度的《义疏正观记》三卷与《扶新论》一卷、知礼的《疏妙宗钞》六卷与《融心解》一卷,明代传灯的《图颂》一卷,清代续法的《直指疏》二卷、彭际清的《约论》一卷、杨仁山的《略论》一卷。

现今佚传的有名的注疏,有唐代怀感的《玄义》二卷与《疏》二卷、道绰的《玄义》一卷、璟兴的《疏》二卷、澄观的《疏》一卷、惠苑的《义记》一卷;宋代智圆的《刊正记》二卷与《科》一卷、宋择英的《净土修正义》一卷、宋用钦的《白莲记》四卷等。

此经古来在朝鲜、日本也颇流行,尤其在日本弘传很盛。有新罗义寂的《纲要》一卷,太贤的《古迹记》一卷(今佚),日本源空的《释》一卷,证空的《秘决集》二十卷,《疏观门要义钞》二十一卷,显定的《疏楷定记》三十六卷,良忠的《疏传通记》十五卷、又《略钞》八卷(以上均存)等。

——(资料来源:《中国佛教》第三辑,东方出版中心)

三、由于《观无量寿经》属大乘系,所以,我们有必要对大乘的二大重要派系中观派,瑜伽行派作一说明,以便更好地理解《观无量寿佛经》。中观派为梵文意译,又称"大乘空宗"。约3世纪时由龙树、提婆创立,后为佛护、清辩所发展。此派认为大乘般若经中的"空",并不是虚无,而是一种没有客观实体,不可用语言文字表达的状态,这才是宇宙万物的真实本性。为了进一步阐发其思想,提出"真俗二谛"之说,认为,由世俗的名言概念来看,事物和众生现象是存在的,是"有",但这种认识属于戏论范围,即为"俗谛";对于那些已脱离"无明",具有佛教直觉"现观"能力的人来说,万事万物皆"空",他们能破除"有"的假相,看出"空"的真性,即"真谛"。"真俗二谛"是同一事物的两个方面,对任何事物来说,从俗谛看是"有",从真谛看是"空",也就是说,"世俗有"即是"毕竟空","毕竟空"即存在于"世俗有"中。认为只有从俗谛入手进行认识,才能掌握真谛,如《中观·观四谛品》所言:"若不依俗谛,不得第一义,不得第一义,则不得涅槃。"这种在理论上把"性空"和"假有"统一起来;在认识上和方法上把名言同实相、俗谛同真谛统一起来;在宗教实践上,把世间和出世间、烦恼和涅槃统一起来的所谓"假有性空"、不着有、无二边的观点,即名为"中观"。又因其讲自性空而被称为"大乘空宗"。龙树还提出不生不灭、不常不断、不一不异、不来不出的"八不中道"来进一步解释中观理论。用这种理论来观察事物,任何事物都是处在相对矛盾的状态中,因而是不真实的,无自性的,即"空"。大乘中观学派的主要经典《中论》、《十二门论》、《大智度论》、《百论》、《般若灯论释》、《大乘掌珍论》。其中观思想对中国佛教的很多宗派如三论宗、天台宗、华严宗、禅宗等都产生过重要影响。

瑜伽行派为梵文意译,又称"大乘有宗"。"瑜伽"意"相应",本为古印度的一种宗教修行方法,佛教用来表示以调息、静虑而达到摄心修慧的宗教修行。无著、世亲在公元5、6世纪创立的这一派因特别强调瑜伽修行方法,所以被称为瑜伽行派。此派的基本思想,就是极力论证世界万物是由"识"所变现。所谓的"识"泛指一切精神现象,即人的思维、认识作用及产生这种作用的心的特殊功能。用现在的哲学术语来说就是"意识是第一性的,物质是第二性的,意识产生物质。"瑜伽行派将人的"识"分为8种,前6种为眼、耳、鼻、舌、身、意,它们是人的感觉,思维作用和能力。第7识叫做"未那识"(意译"意",即思量,思维量度),第8识叫做阿赖耶识(意译"无垢识"、"清净识",即经修行而脱离迷妄,达到清净无漏)。第7识是联系前6识和第8识的桥梁,第8识在八识中最为重要,它内藏变现万物的潜在功能,即"种子",亦称"藏识"。认为前6识作用的对象——客观存在的万事万物就是"种子"所变现。所以,这种认识是一种内在的认识,封闭的体系,由此他们得出"三界唯心"、"万法唯识"的结论。瑜伽行派根据"万法唯识"的道理,用遍计所执性、依他起性、圆成实性这"三自性"解释一切认识现象。又用相分、见分、自证分、证自证分这"四分"来进一步解释分析认识的职能和作用。同时,把宇宙万有的物质和精神现象概括为"五位百法",从而进一步完成了佛教的名相分析系统，发展了佛教逻辑"因明学"。在以后的发展过程中，瑜伽行派形成以难陀、安慧为代表的唯识古学和以陈那、护法为代表的唯识新学（亦称"唯识今学"）。南北朝时，瑜伽行派传入中国，后唐玄奘自印度归国，大量译传此派经典（主要为"唯识今学"），并依之建立法相唯识宗，在唐极盛并传入日本、朝鲜。瑜伽行派的主要经典《解深密经》、《瑜伽师地论》等。

四、最后，我们在这里说明一下佛经。从广义上讲，佛经泛指佛教一切典籍，包括经、律、论等各种著述。从狭义上说，有两个含义：第一，指经、律、论三藏之一的经藏部分。"经"梵文音译为"修多罗"、"修路"、"素怛览"等，意译"契经"。《瑜伽师地论》说："契经者，谓贯穿文。"指佛陀指导弟子修行所说的教法。第二，"经"指佛典中的长行，即散文，而不是偈颂，不属于"授记"、"本生"、"论议"等部分。《瑜伽师地论》载："契经者，长行直说"，《成实论》亦载："修多罗者，直说语言。"

根据《玄义》所载，"经"有三种形式，即所谓"经体三尘"。第一为"声"，于佛在世时闻佛之音而得到的，是以"声尘"为经。第二为"色"，在佛涅槃后由经卷纸墨而传授的，是以"色尘"为经。第三为"法"，内心思维自法，而契于理，不由他教、不由纸墨，是以"法尘"为经。

据说，释迦牟尼逝世后，其弟子迦叶、阿难等人为了不使佛生前的教法被后人遗忘或误传，而作佛教结集（即佛教会议），汇编释迦牟尼的遗教。据某些典籍记载，在第一次结集时，侍从释迦牟尼时间最长、号称"多闻第一"的大弟子阿难背诵了释迦牟尼的教说，此即为"经"。号称持律最精的弟子优波离则背诵了释迦牟尼关于戒律的一系列教导，此即为"律"。还有的典籍则主张在第一次结集时，除诵出"经"、"律"外，还由大弟子迦叶诵出了不少佛教学子们解释佛教教法的论述，即为"论"。进而，还有的典籍宣称，除经、律、论外，还结集了杂集和禁咒等等。

学者们认为，第一次结集时，佛弟子们把释迦佛的一些教导诵出，形成最初的佛经，这是可信的。但是，当时是否形成完整的经、律、论三藏，尚存疑惑，至于说结集出杂集、梵咒，则纯为后世传说，不足为信。

最初的佛经产生后，仅为口口相传，而无文字记载。在这样的传播过程中，讹误和理解不一是难免的。这也是后来佛教分裂为许多部派的原因之一。文字佛经的出现是很久以后的事情。据载，早期来中国传教的西域僧人所用方式仍为口授。

佛经的种类很多，按文字分，有梵文、巴利文、汉文、藏文等佛经。汉文佛经一般分为大乘经、小乘经两种。其中大乘经又分为华严部、方等部、般若部、法华部、涅槃部，或为般若部、宝积部、大集部、华严部、涅槃部。小乘经分为阿含部、小乘部。我国是世界上保存佛经最多最全的国家，仅宋初至清末的1000年间，官方与民间共刻了20次大藏经（即佛教典籍总汇）。宋代刻有成都《开宝藏》、福州《崇宁万寿藏》、《毗卢藏》、湖州《思溪藏》等。辽代刻有《契丹藏》。金代刻有山西《赵城藏》。元代刻有杭州《普宁藏》、北京《弘法藏》。明代刻有《南藏》、《北藏》、《武林藏》等。清代刻有《龙藏》。

日本大正十三年（1924）到昭和九年（1934）由佛教学者高楠顺次郎、渡边海旭、小野玄妙等人组织编辑出版的《大正藏》，收佛典3360部，13520卷，为近、现代国际佛学界常用的汉文藏经版本之一。

我国自20世纪80年代以来，大藏经出版事业进入了近代以来最为活跃、最富建设性的时期，校勘、整理、出版了汉、藏文大藏经多种，包括《中华大藏经》(简称《中华藏》)，它是我国目前正在编辑出版的最新的大藏经，由汉文、藏文二大部分组成，完成后将成为有史以来收集最为丰富、经籍数量最多的大藏经。

除此之外，还有《敦煌大藏经》、《房山石经》、《乾隆版大藏经》、《丹珠尔》、《南传大藏经》等。它们的整理出版，标志着我国佛教文化事业正在进入一个健康发展的新时期。

【经文】

如是我闻。① 一时②，佛在王舍城③耆阇崛山④中，与大比丘众⑤千二百五十人俱⑥。菩萨⑦三万二千，文殊师利法王子⑧而为上首⑨。

【注释】

① 如是我闻：佛经开卷语。"如是"指经中佛语。这里指佛说的《观无量寿佛经》。"我闻"指说经者自言其亲耳所闻。"如是我闻"意即"我是这样听说的"。相传释迦牟尼逝世后，佛弟子结集经、律，由阿难诵经，诸经开头都有此四字。古印度佛经原无写本，全凭师徒口耳相传，此为开场白，后有写本仍然沿用，以取信于众。《法华文句》卷一上："如是者，举所闻之法体；我闻者，能持之人也。""能持之人"即"我"，具体指释迦牟尼佛的堂弟、十大弟子之一的阿难，据传此人长于记忆，被称为"多闻第一"，守护佛法，传说佛教第一次结集，即由他诵出经藏。

② 一时：有这么一个时候，在那一时候。

③ 王舍城：佛教圣地。亦译"罗阅揭梨醯"、"罗阅祇"、"罗阅"、"曷罗阇姞利呬城"。古印度摩揭陀国国王频婆娑罗王曾以之为国都，位于今印度比哈尔邦底赖雅附近。周围有灵鹫山等五山环绕，是释迦牟尼传教中心之一。据《善见律毗婆沙》卷一载，城中有18座大寺庙，郊外有佛陀居住的竹林精舍。相传佛陀圆寂后第一次结集就在此举行。唐时玄奘大师曾到此地，然城已荒废，不见当年风采，只是近处仍有许多佛教古迹。

④耆阇崛山：亦译"姞栗陀罗矩吒"，意译"灵鹫山"。据《大智度论》卷三载："耆（qí）阇（shé）名鹫，崛名头"，因拔地而起的高山山顶岩石形如鹫首，故称；一言因山中多鹫鸟而名。此山位于古印度摩揭陀国王舍城东北部，相传佛陀曾在此居住和说法多年，故而与此山有关的佛教传说甚多，视为佛教圣山。我国东晋高僧法显曾登此山，见到当年佛、阿难、阿罗汉等数百人坐禅处。可惜"法堂已毁坏，止有砖壁基在"。唐三藏法师玄奘也曾参拜此山，他在《大唐西域记》中描写灵鹫山景色为"接北山之阳，孤标特起，既栖鹫鸟，又类高山。空翠相映、浓淡分色"。今山上还有白塔一座，塔前香炉上刻有汉文"灵山"二字，系日本佛教徒所建。

⑤大比丘众：由大和尚们组成的僧团。"大"形容道行很高。"比丘"，梵文音译，又译"苾刍"、"备刍"、"比呼"等，意译"乞士"、"乞士男"、"薰士"等，指出家后受过具足戒的男性僧人，俗称和尚，比丘尼指出家后受过具足戒的女性僧人，俗称尼姑。"众"为"僧"之意译。"僧"为"僧伽"之略，一般指个人。这里指"法众"、"僧团"，一般需4人以上。据《南山钞》载：构成僧伽有两个条件：一为"理和"，指皆遵循佛教教义，以涅槃解脱为目的；二为"事和"，表现在6个方面，它们是：1.戒和同修。2.见和同解。3.身和同住。4.利和同均。5.口和无诤。6.意和同悦。一般所说的僧伽有比丘僧伽和比丘尼僧伽二种，合称"二部众"、"二众"。此外，还有比丘、比丘尼、沙弥，沙弥尼四僧伽，合称"出家四众"。广义上也包括在家男女居士的称"七众"、"七僧伽"。

沙弥，梵文音译，亦译"室罗摩拏洛伽"，意译："息慈"、"息恶"、"行慈"、"勤策男"等。佛教称谓。指7岁以上20岁以下受过十戒的出家男子。分三种：7—13岁为"驱乌沙弥"（可驱逐落在放置食物处的乌鸦）；14—19岁为"应法沙弥"（已适应出家生活）；20岁以后尚未受具足戒而成比丘，却仍持沙弥身份者为

"名字沙弥"。中国内地俗称沙弥为"小和尚"。沙弥还有一别名叫"救蚁",据《杂宝藏经》载:过去有一罗汉,知其随侍沙弥7日后阳寿必尽,即假命其回家,7日后归。沙弥归途中见许多蚂蚁被水冲流,命不可保,遂生慈悲之心,脱袈裟以之盛土堰水,并将蚂蚁移到高处干燥的地方,蚂蚁得救。7日后,沙弥遵师言回到罗汉处,罗汉很惊诧,以天眼观察,方知其徒因救蚂蚁而延寿。

沙弥尼,梵文音译,亦译"室罗摩拏理伽",意译"勤策女",指7—20岁受过十戒的出家女子。比丘尼戒指不杀生、不盗窃、不两舌恶语、不淫欲、不持香华自熏饰衣被履缕、不坐金银高床绮绣饰被宝蜿蜒、不听歌舞音乐声、不积聚珍宝、食不失时、不饮酒。年满20岁的沙弥尼在受具足戒前二年要受六法,这一阶段称"式叉摩那尼"(梵文音译),意即"学戒女""学法女"、"正学女"。这样,出家女性就有比丘尼、式叉摩那尼、沙弥尼三个等级。所以"出家四众"通常亦称"出家五众"。

在家信教的男士(梵音读"优婆塞",意译"清信士"、"近事男"、"近善男")称为在家男居士,在家信教的女士(梵音读"优婆夷",意译"清信女"、"近事女"、"近善女"、"近宿女"、"信女")称为在家女居士。佛教对他们的最基本要求是受持"三皈戒"——皈依佛、皈依法、皈依僧。如果进而再从法师受五戒,就成为"五戒优婆塞"和"五戒优婆夷"。受菩萨戒的就成为"菩萨戒优婆塞"、"菩萨戒优婆夷"。

⑥俱:在一处。

⑦菩萨:梵语"菩提萨"之简称。"菩提"意"觉悟","萨"指众生。"菩提萨"意即使众生觉悟者。"菩萨"本为释迦牟尼修行尚未成佛时的称号,后广泛用作对大乘思想的实行者的称呼。据佛教称,菩萨有五智:1.通达智,能通达觉悟诸法。2.随念智,能忆持过去的事情而不忘记。3.安立智,能建立正行并修习其他。4.和合智,能观一切法,随缘和合。5.如意智,能随意之所欲而无

不满足。菩萨虽然神通广大，但毕竟只具备"自觉"、"觉他"，尚缺"觉行圆满"，因此，在佛界居第二等级，属第二果位。

佛教修行的最高果位是佛。成佛的途径有四种：1.信满成佛——坚信诸法不生不灭、清净平等、无可愿求。2.解满成佛——深刻理解法性无造无作，不起生死之想，不起涅槃之想，心无所怖、亦无所欣。3.行满成佛——能除一切无明法障，菩提之愿行都能具足。4.证满成佛——得无分别的寂静法智及不可思议胜妙功德。

释迦牟尼佛门下有四大菩萨，一个是驾狮子站在释迦牟尼佛左面的文殊，一个是乘白象站在释迦牟尼佛右面的普贤，一个是阿弥陀佛的大弟子观音（也有说观音就是阿弥陀佛的化身），还有一个是活跃于释迦牟尼佛已圆寂、弥勒佛未生之时的地藏。这四位大菩萨各司其职，分管智、行、悲、愿。"智"的主持者是文殊菩萨。"行"的主持者是普贤菩萨。普贤，梵文意译，亦译"吉"，音译"三曼多跋陀罗"。所谓"行"，意即行证相应，普贤为一切行德之本体，所以在华严之席说十大愿；同时，他又是诸法实相之理体，所以在法华之席，誓于法华三昧之道场自现其身，相传其显灵说法的道场在四川峨眉山。"悲"的主持者是我国百姓妇孺皆知的观世音菩萨。《大乘义章》载："爱怜名慈，恻怆曰悲"。"悲"即恻怆他人之苦而生欲救济之心。"观世音"是梵文"阿缚卢枳涅伐逻"的意译，唐时因避太宗李世民讳而略称"观音"。玄奘法师在《心经》的翻译里称之为"观自在"。"观世音"的别号还有"光世音"、"救世净圣"、"救世圆满"、"救世菩萨"等。《法华经》解释观世音道："苦恼众生，一心称名菩萨。即时观其声音，皆得解脱，以是名'观世音'"。即能普遍观察世界上的一切声音。所以信佛之人遇到难以解决的困难或危险，口中就会念念有词"观世音菩萨保佑"。据称，观世音菩萨为广化众生，经常根据情况显现各种形象，其化身特别多，对此各派说法不一：真言宗立有"八大观音"——圆满意愿明王菩萨、白衣自在、髻罗刹女、四面观音、马头罗刹、毗俱胝、大势至、陀罗观音。天台宗立有"六大观音"——大悲观音、大慈观音、狮子无畏观音、大光普照观音、天人丈夫观音、大梵深远观音。《法华经·普门品》中还记载观音有"三十三应化身"。据说，观音初为男性，大约唐时才慢慢演化为慈爱、典雅、俊秀飘逸的女性形象。实际上，佛史对观音的性别及生平已无从考稽。观音除了以上的形象、名号外，还被称作"千手观音"或"千手千眼观世音"、"千眼千臂观世音"。"千手观音"法相庄严、妙色超三界，具金色晖曜，头戴发髻冠，自冠下垂绀发，住莲花台，放大光明。除两眼两手外，左右各有20只手，手中各有一只慈眼，再各配25种众生生存环境，计千手千眼。千手千眼观音像，最主要的特征是42臂，如果手下伸，掌向上，叫施无畏手，能除一切众生之恐怖、畏惧；除锡杖手，慈悲维护一切众生；合掌生，令一切人和鬼神敬爱等等。不管观世音菩萨能变化多少形象，最能深入信徒心灵深处的还是其大慈大悲的菩萨心、救苦救难的菩萨行，所以，菩萨之中，观音像前香火最盛。

"愿"的主持者是地藏菩萨。"愿"为梵文"尼底"的意译，意即志求满足。据《法界次第》解："自制其心，名之曰'誓'；志求满足，古云'愿'也。"《法窟》云："于出世道悕求为'愿'，亦是期心为'愿'。"故佛教中将佛愿救众生之心和众生愿成佛之心称作"愿心"。"愿"又分"总愿"、"别愿"。所谓"总愿"，是指某一教派立下的宏愿。如显教立下的"四弘愿"、密教立下的"五大愿"等。所谓"别愿"，是指某尊佛或某尊菩萨立下的誓愿。例如：阿弥陀佛立下的48愿。释迦牟尼佛立下的500愿等。"地藏"是梵文"乞叉底蘗婆"的意译，《地藏十轮经》谓其"安忍不动犹如大地，静虑深密犹如地藏"，故名。据说，他受释迦牟尼佛嘱咐，在释迦已灭，弥勒未生之前，自誓必尽度六道众生，拯救诸苦，始愿成佛。为此地藏发下大愿：孝敬和超荐父母；为众生担负一切艰难困苦；满足众生的生活需求；令大地五谷丰登、草木花果茂盛；祛除病痛；度尽众生。《莲花三昧经》载有"六地藏"：1.檀陀地藏——为地狱道之能化，手持人头幢者。2.宝珠地藏——为饿鬼道之能化，手持宝珠者。3.宝印地藏——为畜生道之能化，伸如意宝印手者。4.持地地藏——为阿修罗道之能化，能大地拥护修罗者。5.除盖障地藏——为人道之能化，为人除八苦之盖障者。6.日光地藏——为天道之能化，照天人之五衰而除其苦恼者。也就是认为，"六道"中每道都有地藏的化身在那儿拯救众生。传说安徽九华山是地藏菩萨显灵之所，山上的"月（肉）身宝殿"即是地藏的成道处。

⑧文殊师利法王子："文殊师利"梵文音译，亦译"满殊尸利"、"曼殊师利"。意译："妙德"、"妙吉祥"、"妙首"、"普首"、"濡首"、"敬首"。"文殊"意"妙"，"师利"意"头"、"德"、"吉祥"。佛教菩萨名，略称"文殊"。是中国佛教四大菩萨之一，释迦牟尼的左胁侍，专司"智慧"，常与司"理"的右胁侍普贤菩萨并称。顶结五髻，手持宝剑，表示智慧锐利，塑像多骑狮子，表示智慧威猛。"法王子"为"如来法王之子"的简称。原则上，所有菩萨皆可说是如来法王之子，之所以独称文殊，是因为文殊菩萨智慧最高，位居大菩萨之首位。

文殊虽称作菩萨，但在佛界地位极高。这不仅是因为其智慧居诸菩萨之首，还因为其为诸佛之师。据《放钵经》载"令我得佛，皆是文殊师利之恩也。过去无央数诸佛，皆是文殊师利弟子，当来者亦是其威神力所致。譬如世间小儿有父母，文殊者佛道中父母也。"《法华经·序言品》记载："往昔日月灯明佛未出家时有八子，闻父出家成道，皆随之出家。时有一菩萨，名妙光，佛因之说《法华经》。佛入灭后八子皆以妙光为师，妙光教化之，使次第成佛，其最后之佛名燃灯。其妙光即文殊也。"燃灯佛是释迦如来佛之师，而文殊居八代之首，如此推算，当为九代之祖了。之所以显现菩萨之果位，乃是为了协助释迦牟尼教化娑婆世界的有情众生。《菩萨处胎经·文殊身变化品》说文殊"本为能仁师，今乃为弟子。佛道极广大，清静无增减。我欲现佛身，二尊不并立"。为了维护释迦如来佛至尊的地位，文殊才屈居胁侍之职，号称"法王子"。事实上，他三世皆成佛：过去世称作"龙种上佛"，又名"大身佛"、"神仙佛"；现在世号为"欢喜藏摩尼宝精佛"；未来世称为"普见佛"。传说，山西五台山是文殊菩萨示现的地方，佛寺中到处供有文殊菩萨像。

⑨上首：最高位。

【白话】

我亲耳听佛这样说。

那时，佛住在王舍城郊东北方向的耆阇崛山中。和佛在一起的有道高德深的大和尚1250人，还有32000位以文殊师利法王子为首座的菩萨。

【说明】

佛经一般分序分、正宗分、流通分三部分。也有分为序分、正宗分、得益分、流通分四部分的。其中序分又分通序和别序，通序即诸经皆应具备的内容，一般包括"如是"、"我闻"，以及说法的时间、法主、处所、听众等六种要素，佛教称其为"六成就"。

这节经文就是《观无量寿佛经》序分中的通序部分，它交待了佛经的"六成就"："如是"为"信成就"，指阿难之信；"我闻"为"闻成就"，指阿难所闻；"一时"为"时成就"，指说此《观无量寿经》的时间；"佛"为"主成就"，指说法之主；"在王舍城耆阇崛山"为"处成就"，指说法的地点；"与大比丘众……文殊师利法王子而为上首。"为"众成就"，指听法之众。又因佛初说经时本无此序，后来弟子集结佛语时才加上的，故也称"通序"为"经后序"；

有此才能证明经文的真实可信，故又称此序为"证信序"；据传说此节经文格式系承佛遗教，所以，此序也有"遗教序"之称。

　　佛教界一般认为，此节经文含有四种意义：其一为"遵佛嘱"，即遵从佛临入涅槃时关于经首格式的嘱咐。其二为"断众疑"，因为，在结集经藏时，阿难高升法座，众生颇感其貌如佛，遂起三疑：一疑佛重起说法，二疑他方佛来，三疑阿难成佛。为断此疑，阿难开口便言："如是我闻"等语，以示其承佛加被，而非是佛。其三是"息诤论"，是说阿难与众弟子德业相当，他要升座宣说佛法，若不推从于佛，恐会引起不服或争论。有了这段文字，便明确指出了所宣之教法乃亲闻于佛而非自作。其四为"异外教"，即区别于外道经初用语，成为佛经特有的统一格式。

　　对《观无量寿佛经》的经文，古来诸师多以序、正宗、流通三分分判。影响最大的唐善导的《观无量寿佛经疏》将经文分判为五门两会：一、序分，从"如是我闻"到"云何当见，阿弥陀佛极乐世界？"二、正宗分，从"佛告韦提希：'汝及众生，应当专心系念一处……'"到"是名'下辈生想'，名第十六观"。三、得益分，从"尔时世尊，说是语时……"到"无量诸天，发无上道心"。四、流通分，从"尔时，阿难即从座起……"到"韦提希等闻佛所说，皆大欢喜"。以上四分为佛陀在王宫正说，这是一会。五、最末一段，阿难为耆阇崛山的大众复述佛在王宫所讲的法理，此又为一会。是为五门两会。

　　本书拟采用善导之五门分判。下面我们将会逐门加以注译和说明。

【经文】

　　尔时①王舍大城有一太子名阿阇世②，随顺调达③恶友之教④，收执⑤父王频婆娑罗⑥，幽闭置于七重室内。制诸群臣，一不得往。

国太夫人名韦提希，恭敬大王，澡浴清净，以酥蜜和，用涂其身，诸璎珞⑦中，盛蒲⑧萄浆，密以上王。尔时，大王食麨饮浆，求水漱口。

漱口毕已，合掌⑨恭敬，向耆阇崛山遥礼⑩世尊⑪，而作是言："大目犍连⑫，是吾亲友，愿兴慈悲⑬，授我八戒⑭。时目犍连，如鹰隼⑮飞，疾至王所，日日如是，授王八戒。世尊亦遣尊者⑯富楼那⑰为王说法⑱。如是⑲时间经三七日，王食麨蜜，得闻法故，颜色和悦。

时阿阇世问守门者："父王今者犹存在耶？"时守门人白言："大王，国太夫人身涂麨蜜，璎珞盛浆，持用上王。沙门目犍连、富楼那从空而来，为王说法，不可禁制。"时阿阇世闻此语已，怒其母曰："我母是贼，与贼为伴。沙门⑳恶人，幻惑咒术，令此恶王，多日不死。"即执利剑，欲害其母。

【注释】

① 尔时：此时，这时。这里指佛说法之时。

② 阿阇世：亦译"阿阇贳"、"阿阇多设咄路"等，意译"未生怨"。传说未生时相师占卜其长大害父，故名。据《长阿含经》卷十九、《善见律毗婆沙》、《观无量寿佛经》卷一等载，其人为释迦佛在世时摩揭陀国国王，与背叛佛陀的提婆达多密谋害父囚母篡位，即位后，因吞并诸小国而威震古印度。后遍体生疮，久治不愈，在耆婆指点下至佛所忏悔才恢复健康，从此立誓皈依佛门。释迦牟尼佛逝世后，资助由迦叶主持的佛教第一次结集，为参加结集的僧人提供衣食，卧具等，成为护法王。

③调达：亦译"提婆达兜"、"褅婆达多"、"地婆达多"、"地婆达兜"等。相传其生时人天之心皆忽惊热，故又译"调达"，意译"天然"、"天授"。据《佛本行集经》卷十三、《大毗婆沙论》卷一一六和《增一阿含经》卷五、卷九等载，为释迦牟尼叔父斛饭王之子，阿难之兄，初随释迦牟尼出家为弟子，十二年间坐禅入定，同其弟阿难听法，辩才甚佳。《出曜（yào）经》卷十五记载："世尊知彼恶意，说四非常法，不许通法。去至舍利弗目犍连所，二比丘亦同佛。调达念阿难我弟，彼必教我。诣阿难所请，阿难为说其法。调达闻已，在闲处专心一意，由粗入细，以心举身，以身举心，身心俱合，渐渐离地，乃至石壁无碍"。至此，自称"大师"，自立僧团，反对释迦牟尼。并以"五法"代替"八正道"，认为修此"五法"，可速证涅槃。据《婆沙论》记载，这"五法"是："终身穿粪扫衣；终生以乞食为生；终生每天中午吃一顿饭；终生露宿地坐；终生不食一切鱼肉血味、盐、酥乳"等。是印度佛教史上最早分裂僧团者。

④恶友之教：恶友——坏朋友、用心险恶的朋友，教——教唆。

⑤执：捉拿，拘捕。

⑥频婆娑罗：亦译"频鞞婆罗"、"瓶沙"、"洴沙"等，意译"影坚"、"影胜"、"影牢"。据《佛本行集经·劝受世利品》、《中阿含经·频鞞娑罗品》等载，为古印度摩揭陀国国王。据说，释迦牟尼未悟道得法时，曾遣使者对释迦言："悉达太子若为圣王，我当臣属。若不乐家，得阿耨多罗三藐三菩提，则愿先来至此王舍城，说法度人，供我受养。"佛陀悟道后，敬请入王舍城，于城外亲迎，并聆听佛之教诲。后将城中最好的竹林精舍捐助给释迦牟尼佛作为传教场所。是最早皈依佛教的国王。后被其子阿阇世王幽闭，惨死狱中。

⑦璎珞：音 yīng luò，贯穿珠玉而成的装饰品，多用于颈饰。

《妙法莲花经·普门品》中曾有"即解颈众宝珠璎珞，价值百千两而以与之"之语。也比喻丛花，苏轼《玉盘盂》诗云："两寺妆成宝璎珞，一枝争看玉盘盂。"

⑧ 蒱：同"蒲"。

⑨ 合掌：又称"合十"、"合爪"。原为古印度的一般礼节，佛教沿用之。左右掌相对合，十指并拢，置于胸前，表示由衷的敬意。《观音义疏》中这样解释："合掌者，此方以拱手为恭，外国以合掌为敬。手本二边，今合为一，表示不敢散诞，专至一心，一心相当故，以此表敬也。"《法苑珠林》载："当令一心合十指爪掌，供养释师子。或云，叉手白佛言者，皆是敛容呈恭，制心不令驰散。然心使难防，故制掌合一心也。"合掌而交叉手指，称作"合掌叉手"，密宗称之为"金刚合掌"。《无量寿经》中亦有"合掌叉手，赞叹诸法"的说法。后来，密宗将合掌之式分为十二种，称"十二合掌"：1. 坚实合掌。2. 虚心合掌。3. 如未开莲合掌。4. 初割莲合掌。5. 显露合掌。6. 持水合掌。7. 归命合掌。8. 反叉合掌。9. 反背互相著合掌。10. 横柱合掌。11. 覆手向下合掌。12. 覆手合掌。认为"十二合掌"是一切契印的根本，古称之为"印母"。

⑩ 礼：即礼拜。梵文"伴谈"、"和南"和"那谟悉羯罗"的意译。佛教名词。"致敬"的意思。《大唐西域记》记载："致敬方式，其仪九等：1. 发言慰问。2. 俯首示敬。3. 举手高揖。4. 合掌平拱。5. 屈膝。6. 长跪。7. 手膝踞地。8. 五轮俱屈。9. 五体投地。"在古印度，以上致敬礼拜的形式很流行，后为佛教沿用。

佛教徒最普通的礼节就是"合掌"。十指并拢，左右合掌，放在胸前，表示衷心的敬意。这原是古印度的一般礼节，后佛教沿用。《法华经·譬喻品》说："即从座起，整衣服，偏袒右肩，右膝著地，一心合掌，曲躬恭敬，瞻仰尊颜。"

佛教徒最常见的礼节是"问讯"。以两手相屈，曲腰至膝，操手下去，合掌上来，两手拱齐眉，叫做"问讯"。此外，合掌作揖，口问"安否"，也称为"问讯"。《法华经·从地涌出品》说："是四菩萨于其众中，最为上首唱导之师，在大众前，各共合掌观释迦牟尼佛而问讯言：'世尊少病少恼安乐行不？所应度者受教易不？'不令世尊生疲劳耶。"

佛教的最高礼节是"顶礼"。《释门归敬仪》载："经律文中，多云'头面礼足'，或云'顶礼佛足'者，我所高者顶也，彼所卑者足也，以我所尊，敬彼所卑者，礼之极也。"行"顶礼"时，两肘、两膝和头着地，称为"五体投地"或"五轮投地"，而后用头顶礼尊者的脚，因此叫"顶礼"。佛经中也称之为"顶礼佛足"或"头面礼足"。如果佛本人不在场，而向佛像行礼，则以二掌过额、承空，以表示头触佛脚。《无量寿经》中叙述了阿难行"顶礼"时毕恭毕敬的神情："阿难起整衣服，正身西面，恭敬合掌，五体投地，礼无量寿佛。"《圆觉经》也有类似的记载："即从座起，顶礼佛足，右绕三匝，长跪叉手而白佛言。"

佛教规定比丘实行"互跪礼"。《释门归敬仪》说："僧是丈夫，刚干事立，故制互跪。"左右两膝，交互跪地，所以叫"互跪"。《释门归敬仪》解释："言互跪者，左右两膝交互跪地。……经中以行事经久，苦弊集身，左右两膝，交互而跪。"规定比丘尼实行"长跪礼"。《释门归敬仪》说："尼是女弱，翘苦易劳，故令长跪。"两膝一齐着地，两胫翘空，两脚指柱地，挺身，称作"长跪"。

⑪世尊：梵文"薄伽梵"或"婆伽婆"的意译。意即世间众生所尊崇者。本为印度婆罗门教对于长者的尊称，佛教用以尊称佛祖释迦牟尼。《大乘义章》卷二十言："佛备众德，为世钦重，故号世尊"。亦有经典将此尊称归于佛"十号"之一。所谓"十号"，指释迦牟尼的十大名号，它们是：1.如来——乘如实正道来成正觉。2.应供——应享受人、天的供养。3.正遍知——能够正确遍知一切事物。4.朋行足——"明"指能知过去世的"宿命明"，能知未来世

的"天眼明",能解脱断尽烦恼的"漏尽明"等"三明"。"行"即身、口、意三业。佛徒认为,只有佛三明之行具足圆满,故名。5.善逝——灭生死,得涅槃之果。6.世间解——了解世间一切并从世间获得彻底解脱。7.无上士——世间至高无上的尊贵者。8.调御丈夫——善于说教,并引导世间修行者入善道、趋涅槃。9.天人师——人、天之导师。10.佛世尊——世间所尊之圆满成佛者。

⑫ 大目犍连:即"摩诃目犍连",简称"目连"。旧译"摩诃目犍罗夜那",意译"采菽氏"。据《佛本行集经·舍利目连因缘品》、《增一阿含经》卷三记载:为古印度摩揭陀国王舍城郊人,属婆罗门种姓。初与舍利弗领徒一百余人为六师外道,后率弟子皈依佛陀,为其十大弟子之一。据传,在佛弟子中神通最大,故称"神通第一",能飞上兜率天,后入罗阅城乞食时,被反佛教的婆罗门众杖击致死。《盂兰盆经》中所载其救母之事在我国广为流传。"盂兰盆",梵文音译,意为"救倒悬"。据经载,目连看到死去的母亲在地狱受苦,如处倒悬,求佛救度。佛言因其母罪业深重,一人之力无以救赎,让目连在七月十五日众僧结夏安居修行结束之日,备百味饮食供养十方众僧,求他们的神威道力救助其母。目连照办,果然母亲得救。这一故事中所含孝敬双亲的思想很快为中国佛教徒认同,南朝梁武帝始设盂兰盆会,施斋供僧,很快在"孝为先"的汉地风行,并渐渐发展为祭鬼,追祭祖先亡灵的法会,届时,还有放河灯,焚法船之类的活动。

⑬ 慈悲:佛教用语。把佛、菩萨爱护众生、给与欢乐称作"慈"(与乐);怜悯众生、拔除苦难称作"悲"(拔苦)。大乘、小乘对之有不同的见解:小乘佛教禅观"四无量"中有慈、悲两种禅定,各以修慈心、修悲心为禅观内容,也称为慈观、悲观,合称"慈悲观",认为,修行此观即可克制嗔恚。大乘佛教则认为小乘佛教的慈悲是小慈小悲,大乘的慈悲才是大慈大悲。《大智度论》卷二十七:"大慈与一切众生乐,大悲拔一切众生苦。大慈以喜

乐因缘与众生，大悲以离苦因缘与众生。……小慈但心念与众生乐，实无乐事，小悲名观众生种种苦、心苦，怜愍而已，不能令脱。大慈者念令众生得乐，亦与乐事；大悲怜愍众生苦，亦能令脱苦。"也就是说，大乘的慈悲已超出禅观范围，可以使众生"得乐"、"脱苦"。大乘佛教以此作为异于小乘，进入世间"普度众生"的重要依据，主张"慈悲是佛道之根本"。依据慈悲程度的不同，大乘将之分为三种慈悲：1."众生缘慈悲"，为小悲，以一慈悲之心视十方五道众生，此为凡夫的慈悲。2."法缘慈悲"，为中悲，觉悟到诸法无我之理所起的慈悲，此为声闻、缘觉及初地以上菩萨的慈悲。3."无缘慈悲"，为大慈悲，离一切差别，不住于有为无为性之中，不住于过去现在未来世之中，知诸缘不实，颠倒虚妄，故心无所缘；但佛以众生不知诸法实相，往来五道，心著诸法，取舍分别，故心无众生缘，使一切众生自然获拔苦与乐之益，名无缘慈悲，此为佛的慈悲。统称三缘慈悲，简称"三慈"。

慈悲为别人谋福利，为众生解除痛苦，所以具慈悲心者有许多好处，据《檀特罗经》载，慈悲有"五利"：1.刀不伤。2.毒不害。3.火不烧。4.水不没。5.嗔恶见善。《法句经》则称，慈悲有"十二利"：1.福常随身。2.卧安。3.觉安。4.不见恶梦。5.天护。6.人爱。7.不毒。8.不兵。9.水不丧。10.火不丧。11.在所得利。12.死升梵天。

⑭ 八戒：佛教名词。全称"八关斋戒"，亦称"八斋戒"。是佛教为在家的男女教徒制定的八条戒律。鉴于在家教徒为俗务所缠，难以每日坚持"五戒"（不杀生、不偷盗、不淫、不妄语、不饮酒），故而规定每月有六天斋日，期间要远离一切声色尘嚣，除遵守五戒外，还增加了三戒。据《中阿含经》卷五十五，《俱舍论》卷十四等记载，它们是"不眠坐高广华丽之床"；"不装饰打扮及观听歌舞"；"不食非时食（正午过后不吃饭）"。前七为戒，第八为斋。八戒比五戒要求更严，但它不像五戒那样需终身受持，而是临时奉行，一月中多者几天，最少者一昼夜。受戒期间，过一种

近似僧人的宗教生活。

⑮ 隼：音 sǔn，一种凶猛的鸟，也叫"鹘"（hù）。

⑯ 尊者：梵文"阿梨耶"的意译，亦译"圣者"。佛教称谓，指僧人中德、智兼备者，这些人往往受他人尊敬，故称尊者。《行事钞》卷下三载："下座称上座为尊者，上座称下座为慧命。"

⑰ 富楼那：全称"富楼那弥多罗尼子"，意译"满慈子"，从母得名。据《佛本行集经·富楼那出家品》、《增一阿含经》卷三等载，为迦毗罗卫人，系国师婆罗门之子，与30位朋友一起出家修苦行。释迦牟尼悟道后，他前往皈依，为佛"十大弟子"之一，因擅长分别义理，广说佛法，以辩才著称，故被誉为"说法第一"。

⑱ 法：音译"达磨"、"达摩"。佛教名词。通指一切事物。（经中此处指佛教教义，即佛法。）《成唯识论》卷一："法谓轨持"。《成唯识论述记》卷一释之为"'轨'谓轨范，可生物解；'持'谓任持，不舍自相"。前者意谓有一定的规范或规律，人可以认识；后者意谓有自性或质的规定性。另《俱舍论光记》卷一解："释法名有二，一能持自性，谓一切法各守自性。如色等性常不改变；二轨生胜解，如无常等生人无常等解。"《大乘义章》解："法义不同，泛释有二，一自体为法，二者轨则名法。"也就是说，作为"法"有两个方面的规定，一具有自身的规定性，二能为轨范，使人理解。佛教认为，宇宙间的万事万物，无论大小，真假、有形无形，都各自具有特定的，恒常不变的自性，并由此而能为轨范，使人得以理解。

在佛教典籍中，"法"大致有三种用法：1.指佛的教法，或称佛法，如"佛、法、僧"三宝中的"法"指佛教真理，即佛教教义，基本理论主要有"四圣谛"、"八正道"、"十二因缘"、"三法印"等。（详见词条"三归"）2.泛指一切事物和现象，包括物质的和精神的，存在的和不存在的、过去的、未来的、现在的等等，如说"一切法"、"三世诸法"等就是这一意思。3.特指某一事物和现象，如说"心法"、"色法"等。

"法"的分类很多：各派通讲的有蕴、处、界三科，小乘有部讲五位七十五法，大乘瑜伽行派和法相宗讲五位百法。所谓"蕴"即"五蕴"（又称"五众"、"五阴"）——色蕴、受蕴、想蕴、行蕴、识蕴，狭义为现实人的代称，广义指物质世界（色蕴）和精神世界（其余四蕴）的总和，是佛教全部教义分析研究的基本对象。所谓"处"即"十二处"（又称"十二入"）——指眼、耳、鼻、舌、身、意六根和色、声、香、味、触、法六境。佛教认为"十二处"是产生"心"和"心所"之处。所谓"界"指"十八界"，指六根，六境和六识（眼识、耳识、鼻识、舌识、身识、意识），它是佛教以人的认识为中心，对世界的一切现象所作的分类，包括能够发生认识功能的六根，作为认识对象的六境，以及由此生起的六识。三科是佛教教诫学徒所分的科目，他们要求从这三个方面观察人及其面对的世界，目的在根据"愚夫"迷悟的不同情况，破"我执"之谬、立"无我"之理。

所谓"五位法"是小乘有部和大乘瑜伽行派及法相宗对世俗世界及其设想的彼岸世界的一切现象所作的五种分类。它们是：1.色法——有质碍或变碍之物，可引起贪欲爱乐，包括3类11种：五眼（眼、耳、鼻、舌、身）、五境（色、声、香、味、触）、无表色。2.心法——又名"心王"，指精神作用的主体。小乘有部认为心法有17种，而瑜伽行派和法相宗原则认为有8种。3.心所有法——又称"心所"、"心数"、"心听法"，指相应于心法而起的心理活动和精神现象，为"心"所有，故名。小乘有部认为"心所有法"有6类46种，而瑜伽行派及法相宗则分之为6类51种。4.心不相应行法——亦称"不相应行法"，略称"不相应法"，指既不属于"色"，亦不属于"心"的有生灭变化的现象，故称"心不相应"。又因此法为五蕴中行蕴所摄，故全称"心不相应行"。小乘有部认为此法为14种，而瑜伽行派和法相宗则分之为24种。5.无为法——亦称"无为",与"有为"相对,指非因缘和合形成,无生灭变化的绝对存在,原是"涅槃"的异名。小乘有部认为无为法有3种,而瑜伽行宗及法相宗则认为有6种。

另外,"法"作为合成词的一部分,在佛教用语中组词活跃,用途十分广泛:释迦牟尼是佛教教法之主,被尊为"法帝"、"法王"。居法王之后的菩萨,如文殊尊为"法王子"或"法臣"。精通经典理论并能讲解佛经者,被尊为"法师"。佛教经典称作"法典"。讲解佛典,称作"说法"。称说法时的文句为"法文",说法时的声音为"法音"。举行诵经、供佛、施斋僧等仪式,称作"法事"。说法供佛的集会,称作"法会"。佛教仪式中使用的钟、鼓、铙、钹、引磬、木鱼等器物,称作"法器"。佛家寺院称作"法宇",正法的殿堂,称作"法殿"。佛门弟子受戒之时,由师授的戒名,称作"法号",甚至连信佛的大众,也被称作"法众"。

不仅如此,佛教还用"法"字,对深奥难懂的佛理,佛教故事,作了许多生动譬喻:以"法山"喻佛法高大;以"法海"喻佛法广大难测;以"法舟"喻佛法能渡人出苦海;以"法雨"喻妙法犹如雨露滋润众生;以"法水"喻妙法犹如清水法去烦恼之垢;以"法乳"喻妙法犹如母乳哺育弟子;以"法镜"喻法能照物;以"法灯"喻正法能照破世之冥闇;以"法城"喻正法坚如城堡能遮防非法;以"法幢"喻妙法高耸如幢之上出;以"法印"喻妙法像印玺真实而不变动;以"法树"喻学法像栽树能获涅槃之果;以"法药"喻妙法能医众生的疾苦;以"法桥"喻大法如桥能渡人过生死大河;以"法剑"喻说佛法有断烦恼之用;以"法财"喻佛法能利润如财;以"法宝"喻佛法重如世上财宝……如此种种,真可谓"佛法无边"。

⑲ 如是:如此,像这样。

⑳ 沙门:梵文音译"沙门那"之略称,亦译"室罗末拏"、"娑

门"、"桑门"等,意译"勤劳"、"功劳"、"劬劳"、"静志"、"净志"、"息止"、"息心"、"息恶"、"勤息"、"修道"等。佛教称谓。本为古印度反婆罗门教思潮各个派别出家者的通称,佛教盛行后专指佛教僧侣。据《俱舍论》卷十五载,有四种沙门:1.胜道沙门,意谓行道殊胜,指佛与独觉(即缘觉)。2.示道沙门,意为善说佛法者,如舍利弗等。3.命道沙门,指修诸善业,依"道"为生者。4.污道沙门,指坏道沙门,违背佛道者。此外,《瑜伽论》等亦列有四种沙门,与此大同小异。

【白话】

那时,著名的王舍城中有位名叫阿阇世的太子,他听信用心险恶的"朋友"调达的教唆,将父王频婆娑罗拘捕监禁,把他关押在戒备森严的七重密室中,下令不许诸位大臣靠近半步,违者当诛,准备活活地饿死自己的父王。

国王的夫人、也就是阿阇世的母亲韦提希,一向对频婆娑罗大王恭敬忠顺。听到大王被儿子幽闭囚禁的消息,恐其因饿致死,就将身体沐浴得干干净净,然后涂抹上酥蜜和炒面,又在璎珞宝冠中盛藏上葡萄汁,悄悄地借探监之名供给频婆娑罗王。

国王吃过酥蜜和炒面,喝完葡萄汁,向守门人要了一些水漱口。漱完口后,朝耆阇崛方向恭恭敬敬地双手合十,礼拜佛祖,并虔诚地自语道:"大目犍连啊,我最亲密的朋友,希望你发慈悲之心,来授于我八关斋戒。"话音刚落,大目犍连就像雄鹰一样起飞,旋即来到幽闭频婆娑罗王的室内,向大王传授八关斋戒,以后日日如此。佛陀世尊还派遣富楼那尊者为大王演说佛法。像这样经过了21天,大王因食酥蜜炒面和听闻佛法的缘故,不仅没饿死,反而比以前心平气和、容颜悦人。

这时，阿阇世问看守："父王现在还活着吗？"看守回答说："大王，国太夫人身涂酥蜜和炒面，璎珞宝冠里盛藏着葡萄浆，天天送来给频婆娑罗大王食用。沙门目犍连和富楼那尊者从空中而来，给大王演说佛法。我们根本无能力禁止。"阿阇世一听，怒不可遏，忿恨自己的母亲、国太夫人韦提希。他恶恨恨地说："我母亲是贼，与那老贼为伍。还有沙门目犍连那些坏蛋，以迷惑人心的咒术，让那个可恶的父王这么多天还不死。"说完，即拔出锋利的剑，想去处死自己的母亲。

【说明】

此节经文为《观无量寿佛经》序分中的别序部分的第一段。

别序是相对序分中的"通序"而言的。意谓：此中所叙内容虽为序而有别于其他经。佛教称这一部分为"发起序"，以我们今天的行文习惯看，别序属正宗分之前的铺垫，它交代了事件发生前的具体情况，在全经中地位十分重要。

《观无量寿佛经》的别序比较长，此节为其第一段。述说王舍城太子受提婆达多教唆，幽禁父王，并欲加害想方设法帮助父王的母后。

【经文】

时有一臣名曰月光，聪明多智。及①与耆婆，为王作礼，白②言："大王，臣闻《毗陀论经》说：劫③初以来，有诸恶王，贪国位故，杀害其父一万八千，未曾闻有，无道害母。王今为此杀逆之事，污刹利种④，臣不忍闻。是旃陀罗⑤，我等不宜，复住于此。"时二大臣说此语竟⑥，以手按剑，却行而退。时阿阇世惊怖惶惧，告耆婆言："汝不为我耶？"耆婆白言："大王，慎莫害母！"王闻此语，忏悔⑦求救，即便舍剑，止不害母。敕⑧语内官："闭置深宫，不令复出。"

【注释】

①及：连词，连接并列的名词或名词性词组。

②白：指下级对上级的告语。此外，还指戏曲中只说不唱的部分，称：对白、说白等。

③劫：梵文音译"劫波"、"劫簸"之略。意为极为久远的时代。一般用以说明极长极长的时间，与极短暂时间"刹那"相对。源于印度婆罗门教，佛教沿用之，但说法不一。一般代表年代的数目。佛教认为，劫分大劫、中劫、小劫3种。1个大劫有4个中劫；1个中劫，有20个小劫；1个小劫，就是人的寿命。人的寿命有增有减，从10岁时算起，每过100年加1岁，加到84000岁，至此每过100年减1岁，减到10岁为至，如此加一回、减一回、共1680万年，此为一小劫。20个小劫为一中劫，一中劫即为33600万年；四中劫为一大劫，一大劫即为134400万年。

每一大劫中的四个中劫，分别称为成劫、住劫、坏劫、空劫，代表1个大劫中的4个阶段。成劫：成就一个世界的时代；住劫：人们在已形成的世界中平平稳稳地过日子的时代；坏劫：世界毁坏的时代，此间世界要遭受所谓的大火灾、大水灾、大风灾三种灾难，使一切毁灭殆尽；空劫：坏劫之后的虚空时代。之后慢慢变成一个新世界，又到了成劫……认为不但空劫中有大灾难，每一劫中还有许多小灾难。即使中劫中最好地时代住劫，其每一小劫的末后都有饥馑灾、瘟疫灾、刀兵灾这样的小三灾。可能正是因为这个缘故，我们现在才以"劫"字借指天灾人祸，如劫数、浩劫等。

④刹利种：指刹帝利种姓。古印度实行种姓制度，将人分为

四个等级，称四种姓：第一种姓是婆罗门，为僧侣阶层，是古印度一切知识的垄断者，自认为是印度社会的"最胜种姓"。被婆罗门教、印度教称为"人间之神"。第二种姓是刹帝利，为武士贵族。低于婆罗门，但掌握政治和军事权力，是古印度国家的世俗统治者。第三种姓是吠舍，为社会基本生产者，包括农民、手工业者和商人。第四种姓是首陀罗，多数为被"雅利安人"征服的土著居民，他们无任何权利，仅从事卑微的劳动。极端受人歧视和压迫，是社会的最低层。

⑤旃陀罗：亦译"旃荼罗"，意译"屠夫"、"执暴恶人"，是古印度四种姓之外的更低的一种种姓，以屠杀为职业。

⑥竟：本意为奏乐完毕，引申为"完毕"、"终了"。《晋书·谢安传》："看书既竟"。陶潜《拟古》诗："歌竟长叹息"。

⑦忏悔：佛教名词。"忏"是梵语音译"忏摩"之略，"悔"是其意译，合称"忏悔"。原指对人承认自己的过错，以求容忍、宽恕。佛教制度规定，出家人每半月集合举行诵戒，给犯戒者以说过悔改的机会。后来逐渐产生了忏悔文、忏仪一类的著作，比较著名的有"阿弥陀忏法"、"观音忏法"、"法华忏法"、"金光明忏法"、"方等忏法"等。佛门的忏悔制度，也慢慢成了一种专以脱罪祈福为目的的宗教仪式。

忏悔有三种形式：1.作法忏。在佛前披陈过错，身口所作，都要依于法度，从而消除犯戒之罪。2.取相忏。以禅定之心运作忏悔之想，如佛来摩顶，以感瑞相为目的，从而消除烦恼之性罪。3.无生忏。正心端坐，而观无生之理，从而消除障中道之无明。忏悔时，要默念《普贤行愿品》中的忏悔文："我昔所造诸恶业，皆由无始贪嗔痴，从身、语、意之所生，一切我今皆忏悔。"比丘忏悔罪时，要行五种礼：穿袈裟、袒右肩、右膝着地、合掌、礼大比丘足，说所犯的罪业。

佛教认为，忏悔是洗除已造之罪的唯一要法。心志不坚者，忏悔以后,可能会重犯旧罪。尚需再次坚心志并且忏悔。据《心地观经》载:"若复罪者,罪即增长。发露忏悔,罪即消除。"认为,由于各人对自己所忏悔的罪业认识程度不同,故忏悔有三种不同的等级,《往生礼赞》将忏悔分为上、中、下三品:"上品忏悔者,身毛孔中血流,眼中血出者,名上品忏悔;中品忏悔者,遍身热行从毛孔出,眼中血流者,名中品忏悔;下品忏悔者,遍身彻热,眼中泪出者,名下品忏悔者。"

依宋代钱易《南部新书》所载,我国最早的忏悔者,为南齐的竟陵王。据传,有一天晚上,他梦见自己到东方普光王如来处,听如来说法,后自己说了忏悔之言。醒来后,即对谢朓、沈约等人述说梦中忏悔之事。竟陵王还因此写有《忏悔》一文,收于《竟陵集》中。

⑧敕:本意为告诫、嘱咐。特指皇帝、国王的命令或诏书。

【白话】

当时,有一个聪明多智的名叫月光的大臣,与著名贤良医师耆婆一起来找阿阇世王,向其鞠躬行礼,然后劝诫道:"大王,臣等听说《毗陀论经》记载:劫初有历史以来,为图谋王位而弑父的恶王的确不少,惨遭亲子弑杀的父王就有18000之多,但从未听说有大逆不道杀害母亲者。如今大王要做如此违逆天理的杀母之事,玷污高贵的刹帝利王族种姓,臣等实在不忍心见到这样的事情发生。大王如果执意这样做,那么,与四种姓之外的旃陀罗这等执暴恶人有何区别。臣等不想再呆在这里了。"说完,二位大臣用手按着剑,恭退着下殿。见此情景,阿阇世惊惧万分,忙问耆婆:"你不再为我服务了吗?"耆婆答曰:"大王,谨慎行事,千万不要杀害你的母亲!"阿阇世王听闻此语后,忏悔以前的过错,以求得救,并立即抛却手中的剑,停止了加害母亲的行为。但他仍不愿母亲身涂酥蜜和炒面、冠藏葡萄汁去贡献父王,所以,向宫廷内官下令道:"将国太夫人禁闭在深宫中,不能让她再出来!"

【说明】

此节经文为别序的第二段,述说大臣月光和医师耆婆劝诫阿阇世王停止杀害母亲的行为。阿阇世王怕触动天怒接纳了臣下的意见,不再加害于母亲,但却将其幽禁宫中。

上面在注释"忏悔"一词时,提到它慢慢演变成了一种专以脱罪祈福为目的的宗教仪式。这种宗教仪式在我国汉地称为拜忏,也叫礼忏,是一种依照忏法礼佛诵念、忏悔罪业的佛教活动。据考,这种活动起源于晋代,在南北朝时渐盛,到了隋唐便广泛流行了。宋代以后,拜忏活动越来越频繁,忏法也因此更加复杂。明朝时,甚至出现了以忏法仪式作为专门职业的僧侣,称为"瑜伽教僧",简称"教僧"。比较通行的几种忏法为:1.《梁皇宝忏》,又称《慈悲道场忏法》十卷,亦称《梁皇忏法》,是汉地流传历史最悠久的一部忏法。据《释氏稽古略》卷二载,为南朝梁武帝参阅佛经而作。但实际上其广泛流传、实行是在元代僧人审订改正后。2.《千手千眼大悲心咒行法》,又称《大悲心咒忏法》《大悲忏法》。是宋天台宗僧知礼依据唐代僧人伽梵达摩所译的《千手千眼观世音菩萨广大圆满无碍大悲心陀罗尼经》而作。是唐宋以后观音信仰普遍流行的产物,忏法仪式简单易行,使用范围比较广泛。据说,按此忏法做佛事,不仅可消灾得福,受观音护祐,而且死后可往生西方净土。书中忏法分严道场、净三业、结界、修供养、请三宝诸天、赞叹申诚、作礼、发愿持咒、忏悔、修观行等十科。以天台宗教义指导修忏。3.《慈悲水忏法》,简称《水忏》。传说唐时知玄在长安遇到一个身患恶疾的僧人，其周围的人怕传染和麻烦，惟恐躲之不及，只有知玄日日照顾、无微不至。病僧很感动，分别时告知知玄，以后若遇难解之事可去找他。后来，知玄不幸左股上患一恶疮，久治不愈，无奈之下他去找先前曾照顾过的那位僧人，僧人指点他去泉水洗濯患处，果然不久恶疮即消。知玄因此著《慈悲水忏法》，影响较大，有专门依之举行的水忏仪式。此外，还有可用以消灾延寿的《药师忏》，用以报亲恩、祈父母冥福的《地藏忏》。净土信仰在民间流行，《净土忏》也常常被采用。这三种忏法出现较晚，在宋和明清以后才陆续辑成。忏法这类经文，虽属不登大雅之堂一类，但却不容忽视。从对它的研究中，可以看出汉地佛教，特别是唐宋以后汉地佛教的民俗化、世俗化过程，有助于对佛教深入的、多方位的研究。如果专门把忏法的历史仔细研究一番，可以比较清楚的了解汉地佛教文化在实态模式上的发展变化及广大民众对宗教的一种实用态度。

【经文】

时韦提希被幽闭已，愁忧憔悴，遥向耆阇崛山，为佛作礼，而作是言："如来①世尊，在昔之时，恒遣阿难②来慰问我。我今愁忧，世尊威重，无由得见。愿遣目连，尊者阿难与我相见。"作是语已，悲泣雨泪③，遥向佛礼。

未举头顷，尔时世尊在耆阇崛山，知韦提希心之所念，即敕大目犍连及以阿难从空而来。佛从耆阇崛山没，于王宫出。时韦提希礼已举头，见世尊释迦牟尼佛身紫金色，坐百宝莲花④。目连侍左，阿难侍右，释⑤梵⑥护世诸天⑦在虚空中，普雨⑧天华，持用供养⑨。

时韦提希见佛世尊，自绝璎珞，举身投地，号泣向佛白言:"世尊,我宿⑩何罪,生此恶子?世尊复⑪有何等因缘⑫,与提婆达多共为眷属?唯愿世尊为我广说无忧恼⑬处,我当往生⑭,不乐阎浮提⑮浊恶世⑯也!此浊恶处地狱⑰、饿鬼⑱、畜生盈满,多不善聚。愿我未来不闻恶声,不见恶人。今向世尊五体投地⑲,求哀忏悔,唯愿佛日教我观于清净业处。"

【注释】

①如来:佛陀"十大名号"之一。梵文意译,音译为"多陀阿伽陀"、"答塔葛达"、"怛佗仪多"等。"如"即"真如"、"如实",指佛所说的绝对真理。"如来"意指循真如之道,来达到对佛的觉悟(即"圆满正觉")。《成实论》卷一"如来者,乘如实道来成正觉,故曰如来"。《大智度论》卷二十四载:"如实道来,故名如来"。分"应身(化身)"、"报身"、"法身"三种。"应身如来",指应机示现,以化众生。即根据度化众生的需要,随时依据当时的情形变化的形象;"报身如来",指乘如实之道,来成正觉。所以,若迷时背觉合尘,则名如去;悟时背尘合觉,则名如来。"报身"指以"法身"为因,经过修习而获得的佛果身;"法身如来",谓"无所从来,亦无所去,故名如来"。"法身"指释迦佛的本性。

②阿难:全称"阿难陀",梵文音译。意译"欢喜"、"庆喜"等。佛陀十大弟子之一。据《佛本行集经》卷十一、《五分律》卷三、《中阿含经》卷八等记载,为释迦牟尼叔父斛饭王之子、提婆达多之弟,释迦牟尼的堂弟。相传生于佛陀悟道之夜,佛陀回国时即跟随出家,侍从释迦佛达25年之久,故闻听佛陀演说的佛法最多,又长于记忆,被称为"多闻第一"。据《增一阿含》卷三记载,阿难"知时明物,所至无疑,所忆不忘,多闻广达,堪忍奉

上",被誉为"第一比丘"。据《涅槃经》卷四十载,阿难具足八不思议,它们是:1. 受特别之请待,不往施主之家,往必与众共;2. 如来之衣,虽故物不受之;3. 见佛以当见时;4. 见女人不生欲心;5. 听法不再问;6. 知佛所入之定;7. 知众会之得益;8. 知佛所说之法。释迦牟尼逝世以后,在第一次结集时,由他负责并诵出经藏。

③雨泪:泪如雨下。

④莲花:莲花为一种夏季开放的花。佛教传说,佛陀释迦牟尼本是天上的菩萨,下凡降生到迦毗罗卫国净饭王处。降生前,净饭王的宫廷里显现出八种祥瑞,百鸟群集在王宫顶上鸣声相和,四季花木一同盛开,尤其是池中突然开放出大如车盖的莲花。王后摩耶夫人得到预感,退入后宫,凝神静思,这时,菩萨化作一头六牙白象来入胎……后来释迦牟尼得道,每当他传教说法时,就以"莲花座"为座,以"莲花坐势"为姿,两腿交叠,足心向上。

在以后的传播发展中,佛教与莲花的关系更为密切。观世音菩萨来去乘的是莲花座,寺庙中的佛、菩萨的雕塑也多半离不开莲花,不是高踞莲花座上,就是手持莲花注目凝思;佛教经典中,莲花也频频出现,《妙法莲花经》就以莲花题名,象征教义的纯洁高雅。《杂宝藏经》中载有"莲花夫人"的故事,说到雪山仙人的女儿端正殊妙,步步生莲花,被国王发现,纳为王妃,人称"莲花夫人",后生五百子皆为大力士;在佛教艺术中,莲花的题材也颇多见,古印度阿旃陀壁画中就有一幅名为《持莲花的菩萨》。我国敦煌、云冈石窟也有大量的莲花图案,龙门石窟中还有一窟名为"莲花洞"。我国佛教有以莲花命名的宗派,如颇有影响的净土宗又称"莲宗"等等。可见,莲花是佛教的象征。

其实,印度自古就有爱莲之风。那儿气候炎热,人们自然喜爱绿荫碧水,试想,在骄阳当空的大地上,忽而望见一泓碧水,水面上绿叶如玉盘,托着迎风摇曳、丰姿绰约的莲花,该是多么赏心悦目，清新喜人。佛教初创时以莲花为喻，一是为了迎合民俗的爱莲心理，以便形象地弘扬佛法，吸引信徒。二是因为佛教认为，现实世界一片秽土污泥，主张有志者努力修行，不受污染、超凡脱俗，达到清静无碍的境界。这种出世人格与出污泥而不染、洁身自处、傲然独立的莲花有着天衣无缝般的契合，所以佛教以莲花为象征也就在情理之中了。

此处所说莲花，非在俗世，乃为佛陀所乘之莲花，即"莲花座"。

⑤释：指"帝释"，亦称"天帝释"、"帝释天"，音译"释加提桓因陀罗"，略称"释提桓因"。"释迦"意为"能"，是姓；"提恒"意为"天"；"因陀罗"意为"帝"，合称"天帝"。原为南亚一带神话中的最高天神，后被佛教引入，封为利天（即三十三天）天王，成为佛教护法神之一。

据佛教称，地球上空总共有28层天，利天为欲界六天之一。第一层天叫四天王天，在须弥山山腰的四周围：东天王——持国天王、南天王——增长天王、西天王——广目天王、北天王——多闻天王。第二层天叫利天，在须弥山顶上，这一层天的天王就是释提桓因。他的城廓八万由旬，名善见城，帝释居于是中，四周有山峰，各广四百由旬，每峰有八天，它们是：善法堂天、山峰天、山顶天、喜见天、天钵私它天、俱吒天、杂殿天、欢喜园天、光明天、波利耶多天、险岸天、谷崖天、摩尼藏天、施行天、金殿天、曼形天、柔软天、杂庄严天、如意天、微细行天、歌音喜乐天、威德轮天、日行天、阎摩那沙罗天、连行天、影照天、智慧行天、众分天、曼陀罗天、上行天、威德颜天、威德焰轮光天、清净天，是为三十三天。

据传，帝释力能劈山引水，掌握雷雨。其原为一平常女子，因目睹迦叶佛入涅槃而发大愿，要建塔供养迦叶佛。助其建塔的还有32个女子。凭此善业而做了利天天王，其下属还有32天，各天天王即那32个女子。

另《大日经》卷一记载:"初方释天王,安住妙高山,宝冠被璎珞,持跋折罗印,及诸余卷属,慧者能分布。"同疏卷五:"于东方五顶之南当画因陀罗释天之主,坐须弥山,天众围绕,首戴宝冠,身披种种璎珞,持跋折罗,及诸余卷属,谓舍指夫人及六欲天等。"传说,释迦降生时,他化为七级金阶,让释迦缘阶而下,然后又在左前方引路。形象作女后像,后面跟随着三位天女,其中一侍女持华盖,另一位手托莲花盘,又一位双手拿山石盆景。亦有作少年帝王像的。

总之,关于帝释的传说很多,在佛教中地位比较特殊,在佛经中出现的概率也很高。

⑥梵:婆罗门教、印度教名词,意为"清净"、"寂静"、"离欲"等,被认为是修行解脱的最后境界,是不生不灭、无所不在的最高实体,也是宇宙的最高主宰,被封为婆罗门和印度教之创造神,与湿婆、毗湿奴并称为婆罗门教和印度教的三大神。

经中的"梵"指"梵天"。"梵天",亦称"大梵天",是梵文"婆罗贺摩"的意译。由"梵书"中的"梵"的概念演化而来。认为世界上的万事万物都是"梵天"创造的,被称为始祖。据《摩奴法典》载,他出自"金胎"(梵卵),把卵壳分成两半,创造了天和地,然后又创造出十个生主,由他们完成其他的创造工作。据说,他原有五个头,一个不幸被湿婆毁去,剩下的四个头面向四方;有四只手,分别拿着"吠陀"经典、莲花、匙子、念珠或钵。通常坐在莲花座上,坐骑是一只天鹅或由七只鹅拉的一辆车。由于他既创造世界及世界上的一些美好的事物,也创造魔鬼、灾难等,所以在三大神中地位并不高,崇拜者也不很多。妻子是娑罗室伐底。目前印度只有拉贾斯坦邦的普希伽尔有一个崇祀他的庙。佛教产生后,被吸收为护法神,成为释迦牟尼的右胁侍,持白佛;此外,他还是色界初禅天之王,称"大梵天王"。称号很多,其中最著名的是"原人"。

⑦诸天:"诸"即"许多"。佛教总共有28层天,前6层为四天王天、利天、夜摩天、兜率天、化乐天、他化自在天。加上人间四大部洲(南瞻部洲、东胜神洲、西牛贺洲、北瞿卢洲)和地下的无间地狱,总称为欲界。"欲"包括淫欲和食欲两种,此界为有情者的住所。

中间有18层天,佛教根据禅定的深浅粗妙,将之分为4级,即四禅天:1.初禅三天——梵众天、梵辅天、大梵天。2.二禅三天——无量光天、光音天、无量少光天。3.三禅三天——少净天、净天、遍净天。4.四禅九天——福生天、福受天、广果天、无想天、无烦天、无热天、善见天、善观天、色究竟天。总称"色界"。"色"为变碍或示现义,相当于物质的概念,但并非全指物质现象。佛教认为,色界之人只有人的形体即身体,而无欲,为已离食、淫二欲的众生所居住。

最后4层天为空无边处天、识无边处天、无所有处天、非想非非想处天,总称"无色界",所以此四天又称"四无色",位居色界之上,为无形色众生所居。此界据说无宫殿国王、众生无身体,惟以心识住于深妙之禅定。

欲界、色界、无色界,就是佛教中常说的"三界"。此三界皆处在生死轮回的过程中,是有情众生存天的三种境界,所以,又称此三界为"迷界",认为从中解脱达到"涅槃",才是最高理想。事实上,它是佛教根据自己的善恶报应的理论和禅定修习勾画出来的。据称,修习"四静虑"(即"四禅天")者死后可生色界;反之,不进行这种修习禅定或达不到一定程度者,死后生欲界;修"四无色定"者死后生无色界。

以上"三界"28层天中,每层天又有许多子天,如利天四面就有32天,所以有"诸天"之说。有的经典也称"无量诸天"。

⑧雨:音yù,动词,原意是"下雨",此处意为"落下"。

⑨供养：佛教用语。亦作"供施"、"供给"。佛教称以功德和种种资具等供给、资养三宝（佛、法、僧）为"供养"。资具指食物、药品、衣物、香花、文具等。供养可分为许多种，所谓三种供养指利、敬、行；所谓四种供养则为饮食、卧具、衣物、汤药。但最常见的还是法供养和财供养这两种。以食物、药品、香花、衣物等实物供养佛、僧的称作财供养；以修行、利益众生、弘扬佛法等方式供养的称作法供养。法供养又分为7种：1.修行供养：依照佛所说的去做，信守诸种戒律，笃信修定，又以慧学为上。2.利益众生供养：礼佛也好，供养也好，都是为了广种善根，所修善根是为了求得福报，但如若能将此获得福报的功德回向施于广大众生，那将是大功德。佛教认为,这也是一种法的供养。3.摄受众生供养："摄受"，意为"接受"、"摄持"，用今天的话说，就是团结众生，鼓励他们追求佛教真理，从而把他们从俗世的烦恼苦痛中解救出来。4.代众生苦供养：出于大悲心而为众生受苦。5.勤修众生供养：坚持不懈地修善以增进功德，一心一意为了有情众生得到快乐。6.不舍菩萨业供养：发菩提心，修六度万行的菩萨业，为的是以般若智慧教导众生，以方便法门诱导、开化众生。7.不离菩萨心供养：求智慧、求觉悟，修行大功德，这一切都是为了回向给世间有情众生，使他们早离苦海，证得涅槃。

⑩宿：本意为"隔夜"、"隔时"、"旧时"。此处意谓"过去世"。一般与"缘"连用，组成"宿缘"，意谓现世的遇合，都与宿昔因缘有关，并非偶然，故名。佛教将人的存在分为过去、现在、未来三世。《宝积经》卷九十四载："三世，所谓过去、未来、现在。云何过去世，若法生已灭，是名过去世；云何未来世，若法未生未起，是名未来世；云何现在世，若法生已未灭，是名现在世。"就众生来说，现在的生存为今生，前世的生存叫前生，命终之后的生存叫来生。佛教认为，世间的万事万物都处在因果报应中，都由因缘而定。今生的、现世的一切际遇，都是由前生的所

作所为（造业）而定，即由所谓的宿缘而定；今生的一言一行又影响来生的际遇。以此劝化众生皈佛行善，勿行恶事。

⑪复：即"又"。

⑫因缘：梵文音译。指得以形成事物、引起认识和造就"业报"等现象所依赖的原因和条件。其中起决定作用的原因和条件叫"因"，起间接辅助作用的叫"缘"。《维摩诘经·佛国品》鸠摩罗什注："力强为因，力弱为缘。"僧肇注"前后相生，因也；现相助，缘也。诸法要因缘相假，然后成立。"《摩诃止观》卷五："招果为因，缘名缘由"《止观辅行》卷一："亲生为因，疏助为缘。"因缘是佛教理论的根本，《楞严经疏》卷一："佛教因缘为宗，以佛圣教自浅至深，说一切法，不出因缘二字。"《俱舍论》卷六："因缘合，诸法即生。"佛教中称这种"因缘所生法"为"缘起法"、"缘起说"。

"缘起说"是佛教的独创理论，也是早期佛学的重要部分。佛教以此来解释说明世间万事万物（包括人）发生、发展、灭亡等等现象的原因。"缘起说"的基本命题是："此有故彼有，此起故彼起"；反之，"此无故彼无、此灭故彼灭"。意即，世界是普遍联系的，没有孤立存在的现象；任何现象又都处在生灭变化中，没有永恒不变的事物，所以，现象的产生及它们间的联系变化只有在一定条件下才能引起，即"缘起"。由此，引出佛教"缘起因果说"及业报轮回等重要教义，像"十二因缘"就是佛教用"缘起"说解释人生本质及其流转过程的理论。

此处所谓"因缘"指称释迦牟尼的"宿缘"。

⑬忧恼：即"烦恼"。《唯识述记》卷一释曰："烦是扰义、恼是乱义，扰乱有情，故名烦恼"，亦称之为"惑"。泛指与佛教宣扬的宁静、"涅槃"境界相对立的一切思想观点和精神情绪，是佛教对扰乱众生身心、使发生迷惑、苦恼等精神作用的总称。据《俱舍论》卷十九载：处于潜在的尚未现行的烦恼，名为"随眠"；正

在现实中发生作用的烦恼,名之为"缠",亦通称为"漏"。佛教认为,烦恼是"苦"的直接根源,是业报轮回的总因,名"诸有本"。

烦恼的分类很多,主要有根本烦恼和随烦恼两种:根本烦恼又称"本惑",指一切烦恼的根本或核心,包括1."贪"——贪欲、贪爱。对于众生自身及其赖以生存的物质条件,产生爱乐贪迷。2."嗔"——怨恨。仇怨可恶的境界和抱怨、损害他人的心理。3."痴"——愚痴,愚昧无知。对于一切事理,愚痴迷暗,不求解真相。也称为"无明"。了解事理的真实称为"明"。4."慢"——傲慢。恃己之长、骄傲自负。5."疑"——怀疑、疑虑。对佛教义理犹豫不决,心存疑义。6."恶见",违背佛教义理的错误见解。《成唯识论》卷六:"此贪等六性,是根本烦恼摄故,得烦恼名。"另外《俱舍论》卷十九将"慢"分为7种、9种,称为"七慢"、"九慢";将"恶见"又分为五种恶见,称"五钝使",其他五根本烦恼称"五利使",合称"十随眠"。

随烦恼又称"随惑",与根本烦恼相对。指伴随根本烦恼而起的烦恼。《俱舍论》卷二十一载:"此诸烦恼亦名随烦恼,以皆随心为恼乱事故,复有此余异诸烦恼,染污心所,行蕴所摄,随烦恼起故,亦名随烦恼;不名烦恼,非根本故。"小乘佛教说一切有部将随烦恼分为19种,据《俱舍论》记载,它们是:1. 放逸——放荡纵逸,不防烦恼,不修善法。2. 懈怠——对于修善断恶的佛教修持不努力。3. 不信——不相信佛教三宝佛、法、僧。4. 惛沉——指昏沉蒙昧的精神状态。5. 掉举——使心轻躁浮动的作用。6. 无惭——对于所做的坏事、所犯的过错不感羞耻。7. 无愧——对于所做过错坏事,在他人面前不感惭愧、也不害怕。8. 忿——暴怒,对于现前的逆境,愤慨交怀,暴怒不已。9. 覆——隐瞒遮护自己的过错恶业的心理。10. 悭——对于财物的吝啬心理。11. 嫉——对于他们的长处和成功产生嫉妒的心理。12. 恼——愤恨恼怒。13. 害——损害他人的心理。14. 恨——怨恨心理。15. 谄——矫揉造作、阿谀曲媚,以掩饰自己过错的思想和活动。16. 诳——贪图私利而欺骗他人的思想和行为。17. 憍——依恃自己的长处，骄矜自恃，倨傲凌人的心理。18. 睡眠——心处于闇昧、不由自主的状态。19. 恶作——亦称"悔"，指对先前所做恶业的追悔心理。其中，前5种属"大烦恼地法"，第6、7种属"大不善地法"，第8—17种属"小烦恼地法"，最后两种属"不定地法"。

法相宗将随烦恼分为20种，它们是除去《俱舍论》中所说的"睡眠"和"恶作"，加上失念——对曾经历过的事和所修善法不能铭记在心。散乱——对于所接触的境界，心思散乱，不能专注集中。不正知——对于所观察的境界的错误认识。称二十随烦恼。《成唯识论》卷六："唯说二十随烦恼者，谓非烦恼，唯染粗故。"

⑭ 往生：佛教用语。佛教净土宗认为，具足信（相信、信心）、愿（情愿、心愿）、行（修行），一心念佛，与阿弥陀佛的愿力感应，死后能往西方净土，化生于莲花中。《无量寿经》卷下："诸有众生闻其名号，信心欢喜，乃至一念至心回向，愿生彼国，即得往生住不退转。"《法华经·药草喻品》："即往安乐世界阿弥陀佛大菩萨众围绕住处，生莲花中宝座之上。"有的信徒认为，大彻大悟者，可以随意往生十方净土。佛教净土宗信徒还经常持诵有"往生咒"。此咒也用于超度亡人。古印度佛教学者世亲还专门著有《往生论》，全称《无量寿经优婆提舍愿生偈》，又称《净土宗》。此书依据《无量寿经》所阐述的教义，作五言四句二十四行的偈颂，并对偈颂一一解释。宣传演说阿弥陀极乐净土的庄严，劝人修持礼拜、赞叹、作愿、观察、回向五念门。认为人死后可往生净土。成为净土宗所依据的基本论书。

⑮ 阎浮提：全称"南阎浮提"，为"南赡部洲"之旧译，意译"秽树"、"胜金"。佛教四大部洲之一。"阎浮"即"赡部"，树名；"提"意为"洲"。据说，此洲盛产赡部树，位于须弥山南面咸海里，所以称"南赡部洲"。此洲便是我们俗世众生所居住的地方。

据《俱舍论》卷十一,该洲形状如车,南边三由旬半,其余三边各两千由旬,中有金刚座,"一切菩萨,将登正觉,皆坐此座"。

⑯浊恶世:即"浊世",为"五浊恶世"之略称。"五浊",梵文意译,亦译"五滓"。"浊"、"滓"意为"污秽、浑浊不洁净"。佛教用语。"五浊恶世"是佛教对现实世界的一种看法,认为现实世界很污秽,为"五浊"所充盈,到处都充满了烦恼痛苦。这"五浊"是劫浊、见浊、烦恼浊、众生浊、命浊。

劫浊:佛教认为,现实世界中各种各样的灾难从未间断,每一中劫之坏劫,充斥着大火灾、大水灾、大风灾等等大灾难;而每一小劫之末,还会发生饥馑灾、瘟疫灾、刀兵灾等各种各样的小灾难,人的寿命忽增忽减,身体状况时好时坏等等。总之,劫难充盈世界,故称"劫浊恶世"。

见浊:指众生所持的邪恶见解或错误见解。共分5种:1.我见:佛教认为,诸行无常、诸法无我,世间一切皆因缘和合而生,本质上都是虚幻的、空的。但世间众生却偏偏执着于我,由"我见"这种错误的见解生出自私自利之心,造出种种罪业来。2.偏见:旧时亦称"边见",即不正的见解。例如,认为这个世界上的众生,做人的终是做人,做畜生的终是做畜生,此生此世的所作所为与来世无关,不相信恶有恶报、善有善报,这就是一种偏见。由此偏见而影响人的一言一行不依佛理,从而造出种种不善业,使世界污秽不净。所以"偏见"也是见浊之一。3.戒取:即假借佛之名制定戒规,使不明真相之人守此戒规而误入邪道。更有甚者,则以此作为生财之道,收取不合理的钱财。4.见取:指固执己见而生出种种事端。5.邪见:指种种不合正当道理的见解。以上这五种见解都可束缚一个人,使之难以通晓佛理,无法依佛理修行,误入邪道,造出恶业。

烦恼浊:共分5种:1.贪——贪心。世间许多恶事都源于人心之贪。2.嗔——惊诧、愤怒。碰到不称心的事就发脾气,不能忍耐。

3. 痴——愚妄不通事理,糊里糊涂不分是非黑白。4. 慢——傲慢无礼、骄傲自大。5. 疑——疑惑心。以上5种皆可乱人心思,使人多生许多烦恼,难以清静。故而为"烦恼浊"。

众生浊:佛教认为世间众生摆脱不了六道,生生死死轮回不已,即使在好一些的人道,也要受生、老、病、死等八大苦,更不用说轮回到畜生、饿鬼、地狱这三恶道了。

命浊:即人的寿命短暂,时时都有结束的危险。

佛教认为,在以上"五浊"中,第一种"劫浊"是由后面四种浊造成的。认为,生在娑婆世界的众生,无法脱离这五浊。若是生在西方极乐世界,就没有成、住、坏、空空各种劫,也无大三灾、小三灾,这样就不存在"劫浊";生在极乐世界的众生,都有正当的见解,故无"见浊";他们身具智慧、心念清净,故无"烦恼浊";相处在一起的皆是声闻、菩萨,不受六道轮回之苦,所以无"众生浊";那儿众生之寿命无边无量,故无"命浊"。西方极乐世界没有以上五种污秽不净,浑浊不清,所以又被称为清净土。

⑰地狱:佛教名词。梵文"那落迦"之意译,亦译"不乐"、"可厌"、"苦具"、"苦器"等。为佛教六道(地狱、饿鬼、畜生、阿修罗、人、天)中最恶道,是惩罚众生罪孽之所。地狱分类甚多。据《俱舍论》所讲,地狱主要有三大类:1. 属根本地狱的"八大地狱"("八热地狱")及"八寒地狱"。2. 属近边地狱的"十六游增地狱"。3. 属孤独地狱的山间、旷野、树下、空中等处的地狱。

有名的"八大地狱"即隶属于阎王的八座地狱,传说位于佛教所称的南赡部洲地下极深处。亦称"八热地狱"。据《俱舍论》卷八、十一和《大乘义章》卷八载,它们是:1. 等活地狱:罪鬼在此受种种砍刺剐捣之苦,他们手上都长着又长又锋利的铁爪,互相怒目相视,彼此想毒害对方,常常舞动铁爪搏斗,互相残杀,皮肉碰上便坠落下来,不久又长出新肉,循环折磨。或者遭斫刺磨捣。昏死后又被凉风吹醒,再受酷刑、活而不死。故名"等活地狱"。2. 黑绳地狱：此中狱卒用黑铁绳牵来罪人，称量其体重身长，然后按其长度斩锯劈割。接着恶风吹来，再用热铁绳将罪人之身捆缚，使之皮臭肉烂、骨焦髓沸、痛苦万端。3. 众合地狱：以众兽、刑具等配合，一起施于罪人，使之觉得所有的苦楚一起袭来。4. 号叫地狱：又称叫唤地狱，据说在这个地狱中，有烧着沸汤的大镬。罪人一到此地，狱卒即将其投入镬中烹煮，使之苦不堪言，发出凄惨的叫唤声。5. 大叫地狱，亦称大叫唤地狱。据说在这个地狱中，有热铁。已受过沸汤烹煮的罪人，被风吹活，狱卒再将他捉到热铁中煎熬，使之极端痛苦，大声叫唤。6. 炎热地狱，又称烧炙地狱，罪人在此备受热暑折磨如置火中。另有一种说法是将罪人置于用铁筑成的城中，以大火烧之，烈焰熊熊，其中被困的罪人定会被烧烤得皮肉糜烂，痛苦万端。7. 大热地狱。在这个地狱中，酷热异常。罪人被遍地烈火包围，皮肉模糊，内脏焦烂。8. 无间地狱，又称阿鼻地狱。罪人在此地狱不停地受到酷刑，没有间隙，故名"无间地狱"。据诃梨跋摩的《成实论》载，"无间"有5种"一者趣果无间，二者受苦无间，三者时无间，四者命无间，五者形无间"。以上"八大地狱"分别为"十殿阎王"中之第二至第九殿阎王掌管。每一大地狱下又各设有"八炎火地狱"、"八寒冰地狱"。

与"八大地狱"相对应的"八寒地狱"，集中了各种各样闻所未闻的酷寒，其间罪人所受之寒苦不亚于八大地狱。

所谓的"十六游增地狱"，指八寒八热大狱。据传，这种地狱每狱有四门，每门各有四小狱。罪人押解至此，依次游历各个地狱，让其痛苦转增。它们是：1. 黑沙地狱。2. 沸屎地狱。3. 铁钉地狱。4. 饥饿地狱。5. 渴地狱。6. 一铜镬地狱。7. 多铜镬地狱。8. 石磨地狱。9. 脓血地狱。10. 量火地狱。11. 灰河地狱。12. 铁丸地狱。13. 钘(jīng)斧地狱。14. 豺狼地狱。15. 剑树地狱。16. 寒冰地狱。

除此以外，还有常说的"十八层地狱"等等，都是极尽恐怖痛苦，使人不寒而栗，毛骨悚然，不敢作恶行凶，这正是佛教地狱设置的目的：即警示世人，使之一心为善，多做善事，否则死后会遭受痛苦。东岳庙有一副对联说得好："阳世奸雄，忍心害理皆由己；阴司报应，古往今来放过谁？"

⑱饿鬼：梵文"薛荔多"、"闭丽多"之意译。为行不善者入地狱后的一种轮回，属六道之一。据说种类甚多，总的特征是：形象多为饥饿苦楚之态，或腹大如鼓，空空如也；或咽喉细如银针，骨瘦如柴。无人为他们举行祭祀，使之常受饥饿。常居于阎魔王所辖的地宫、阴间、或山洞、坟地等处，可怖可怜。

⑲五体投地：又作"五轮投地"、"五体投诚"。指双手、双膝和头一起着地而行的大礼。原为古印度最恭敬的一种致敬仪式，后为佛教沿用。"五体"又称"五轮"，指人体的右膝、左膝、右手、左手、头五个部分。《资持记》卷下三之二"五处皆圆，故名五轮；四肢及首，名为五体。轮则别指五处，体则通目一身。"《四分律行事钞》介绍了如何行五体投地大礼："地持当五轮至地作礼，《阿含》云：'二肘二膝顶名轮也，亦云五体投地。'先正立已合掌，右手襄衣，屈两膝已，次屈两手以手承足，然后顶礼，起顶头次肘次膝，以为次第。"在佛经中，经常有佛弟子及信徒向佛行五体投地大礼的记载。如《楞严经》卷一："阿难闻已，重复悲泪，五体投地，长跪合掌，而白佛言。"后常常用以比喻心悦诚服或佩服到了极点。《梁书·中天竺国传》："今以此国群臣民庶，山川珍重，一切归属，五体投地，归诚大王。"有时也指称跪拜。

【白话】

韦提希被幽禁后，整日忧心忡忡，日渐憔悴。她便遥向耆阇崛山对佛行礼，请求说："如来世尊啊，过去您经常派阿难来慰问我，现在我忧愁苦闷极了。世尊您德高威重，我不敢奢望能见到您。希望您能派遣您的大弟子目犍连和阿难二位尊者来与我相见,帮助我。"说完,悲痛欲绝,泣不成声,泪如雨下,向着佛的方向行礼不止。

就在她行礼还未抬起头来的这一瞬间,远在耆阇崛山中的释迦牟尼佛已经知道了韦提希心之所念,马上派遣目犍连和阿难从空中而来。佛自己也离开了耆阇崛山,出现在幽禁韦提希夫人的王宫中。这时,韦提希礼佛始毕,刚一抬头,就看见显现为紫金色身的释迦牟尼佛坐在百宝莲花中,左边侍立着目犍连、右边侍立着阿难,帝释、梵天以及诸天的护法神在虚空中护卫,满天的宝花如雨一样纷纷落下,供养于佛,为佛持用。

此时,韦提希夫人看到了世尊,赶快摘下璎珞宝冠,向佛行五体投地的大礼,哭泣着说:"世尊啊!我前世做了什么样的孽,要受报应生得如此恶毒的儿子?世尊,您又因什么样的因缘,才与提婆达多这种恶棍成为亲戚?只希望世尊能为我详细解说无忧愁无烦恼的境界,我要往生这样的去处,再也不喜欢呆在南赡部洲这样的有五种浊恶的现实世界中。在这浊恶的世界里,地狱、饿鬼、畜生充斥,背弃天理、违逆人伦之事比比皆是。但愿我的未来世不会再听到邪恶之音,不会再见到邪恶之人。我现在在这里向佛行五体投地的大礼,求世尊佛您哀怜于我,接受我的忏悔。只愿佛用您那阳光般的佛法智慧,开启引导我观想清静的去处。"

【说明】

一、此节经文为别序的第三段,述说被幽闭宫中的韦提希夫人难遣愁绪,便向佛释迦牟尼诉说以求解脱的过程。

二、关于地狱,这里再做一些说明。地狱思想是人类宗教所共同具有的。西方的基督教主张,不信仰上帝、不信仰耶稣基督,并不思悔改者,死后会入地狱(亦称炼狱),在那里永受惩罚;伊斯兰教认为,不信奉真主安拉,作恶多端的人,会被真主在末日审判时打入火狱,接受极其可怕的惩罚;我国民间在佛教传入以前已有了人死后下入黄泉的说法,后来则相信人死后,要经过十殿阎王的审理问案,每一殿都设置有不同的地狱和刑罚;道教也有十殿之说,并有138所地狱;而印度早在佛教产生以前就存在着关于地狱的说法。但由于地域、时代、文化背景以及宗教信念等的不同,各民族、各宗教对地狱的描述和看法也各异其趣。

佛教对于地狱的描述,初见于《杂阿含经》卷四十八,谓有大火赤红的地狱。对其详尽的分门别类的叙述,见于《长阿含经》第十九、《立世阿毗云论》、《杂阿毗昙心论》、《大毗婆沙论》、《俱舍论》、《涅槃经》、《瑜伽师地论》、《大智度论》等。

佛经中叙述到堕地狱的例子也不少,早期佛教认为,犯了杀父、杀母、杀阿罗阿、出佛身血、破和合僧的五逆重罪者,会堕地狱。例如,佛的堂弟提婆达多及其追随者就被堕入地狱。后来渐渐演变成为凡是做错了事,不论轻重,都有可能下地狱之说。但在我国,特别是佛教净土宗,认为做错了事、甚至是犯有五逆重罪,只要临命终之时,具足十念"南无阿弥陀佛",不但不会堕入地狱,而且还会因佛力加持而往生净土。

【经文】

尔时世尊放眉间光,其光金色,遍照十方无量世界①,还住佛顶,化为金台,如须弥山②。十方诸佛净妙国土③皆于中现。或有国土,七宝④合成;复有国土,纯是莲华;复有国土,如自在天宫;复有国土,如玻璃镜。十方国土,皆于中现。有如是⑤等无量诸佛国土,严显可观,令韦提希见。

时韦提希白佛言："世尊,是诸佛土,虽复清净,皆有光明,我今乐生极乐世界阿弥陀佛⑥所⑦。唯愿世尊教我思惟,教我正受。"

尔时世尊即便微笑,有五色光从佛口出。一一光照频婆娑罗王顶。尔时大王虽在幽闭,心眼无障,遥见世尊,头面作礼,自然增进,成阿那含⑧。

尔时世尊告韦提希："汝今知不,阿弥陀佛去此不远？汝当系念,谛观彼国净业成者。我今为汝广说众譬⑨,亦令未来世一切凡夫欲修净业者,得生西方极乐国土。

"欲生彼国者,当修三福⑩。一者,孝养父母,奉事师长,慈心不杀,修十善业⑪；二者,受持三归⑫,具足众戒⑬,不犯威仪；三者,发菩提⑭心,深信因果⑮,读诵大乘,劝进行者。如比三事,名为净业。"佛告韦提希"汝今知不？比三种业乃是过去、未来、现在三世诸佛⑯净业正因。"

佛告阿难及韦提希："谛听⑰！谛听！善思念之。如来今者为未来世一切众生,为烦恼贼之所害者说清净业。善哉,韦提希,快问此事。"

"阿难,汝当受持,广为多众,宣说佛语。如来今者教韦提希及未来世一切众生⑱,观于西方极乐世界。以佛力⑲故,当得见彼清净国土,如执明镜自见面像。见彼国土极妙乐事,心欢喜故,应时即得无生法忍⑳。"

佛告韦提希："汝是凡夫,心想羸劣,未得天眼㉑,不能远观。诸佛如来,有异方便,今汝得见。"

时韦提希白佛言："世尊！如我今者,以佛力故,见彼国土；若佛灭㉒后，诸众生等，浊恶不善、五苦㉓所逼，云何当见，阿弥陀佛极乐世界？"

【注释】

① 十方无量世界：佛教名词。又称"十方无量无边世界"，略称"十方世界"。"十方"指东方、南方、西方、北方、东南、东北、西南、西北、上、下。"世界"，"世"指时间，"界"指空间。《楞严经》卷四："何名为众生世界？世为迁流，界为方位。汝今当知，东、西、南、北、东南、西南、东北、西北、上、下为界，过去、未来、现在为世。"又称"世间"。此处所谓"十方无量世界"，是用以形容佛力无限，可普照无边无垠的世界。再如南朝梁沈约《齐禅林寺泥净秀行状》言"忽自见大光明遍于世界，山河树木，浩然无碍"。《无量寿经》卷下言："佛告阿难，无量寿佛威神无极，十方世界无量无边不可思议诸佛如来，莫不称叹。"

② 须弥山：梵文音译，亦译"修迷卢"、"须弥楼"、"苏迷卢"等，意译："妙高"、"妙光"、"安明"、"善高"、"善积"等。本为印度神话中之山名，后为佛教所采用。在佛教中，此山指一小世界中心，四宝所成，处大海中，高336万里，外有九山八海，其外围名"铁围山"，须弥山顶为利天王帝释秘居，四大天王居半山腰。

按照古代印度的宇宙观，须弥山是世界的中心，所有山河大地星辰都是围绕它而环列的。此山高84000由旬，由金银、琉璃等众宝装成。山上有诸天神居住，山顶为帝释天，四面山腰则为四天王天。帝释天所在的天高42000由旬，其宫宇也是众宝镶嵌，壮丽非常。四天王天以外是七香海，七香海再往外则是七金山。七香海为内海。七金山之外是咸海，咸海外为铁围山环绕。咸海中则有四大部洲、八中洲和无数小洲。铁围山所环绕的范围内便是一世界区域。在此世界中，须弥山是最为高大的了。许多佛教造像和绘画都以此山为题材，还有的佛、菩萨以此山名命名，用以比喻形容佛的伟大。

③国土：这里指佛土。即佛所住、所教的世界。佛教认为，一个佛土是一个三千大千世界，简称大千世界。据《长阿含经》卷十八载：以须弥山为中心，以铁围山为外郭，同一日月所照的四天下为一个"小世界"，一千个"小世界"为一"小千世界"；一千个"小千世界"为一"中千世界"；一千个"中千世界"为一"大千世界"。因"大千世界"有小、中、大三种"千世界"，故有三千大千世界之说。

④七宝：佛教用语。据《翻译名义集·七宝》载："凡有两种，一者七种珍宝，二者七种王宝。"何为七种珍宝？佛经中说法不一，如《法华经·受记品》以金、银、琉璃、砗磲（栖息在热带海中的一种名叫砗磲的软体动物的壳，据说此壳像白玉，上有一条一条的纹路，像车轮的渠，故有此称）、玛瑙、珍珠、玫瑰为七宝；《阿弥陀经》以金、银、琉璃、玻璃、砗磲、赤珠、玛瑙为七宝；《无量寿经》卷上以金、银、琉璃、珊瑚、琥珀、砗磲、玛瑙为七宝；《恒水经》以白银、黄金、珊瑚、白珠、砗磲、明月珠、摩尼珠为七宝。

所谓七种王者之宝，据《轮王七宝经》载，它们是"轮宝、象宝、马宝、主藏臣宝、主兵臣宝、摩尼宝、女宝。如是七宝随王出现。"另外，我国崇信佛教的女皇武则天也有七种王者之宝，据《新唐书·后妃传上·则天武皇后》载："太后又自加号金轮圣神皇帝，置七宝于廷：曰金轮宝、曰白象宝、曰女宝、曰马宝、曰珠宝、曰主兵臣宝、曰主藏臣宝，率大朝会则陈之。"

⑤如是："如"，似，像；"是"，此。具体指上面经文所言之"十方诸佛净妙国土"。

⑥阿弥陀佛：佛名。密教称甘露王，西方极乐世界的教主。

阿弥陀：梵文音译，意译"无量光"、"无量寿"，即光明、寿命无穷无尽，难以计量。据佛教宣称，所有佛的身体都有光明，此光有两种：一是常光，即每时每刻都发出的光；一是放光，此光因某种缘故才特地从身上各处放出。依《无量寿经》言，阿弥陀佛之光在十方世界中堪称第一，任何佛之光都无他的光照得远。其光可以无遮、无隔地普照十方世界，只照一个世界的日光、月光根本无法与之相提并论，这不仅因为光照的范围相去甚远，而且因为阿弥陀佛之光不会刺伤眼睛，不会让人觉得烦躁闷热，不管照多久，人都会觉得清爽舒服。除此而外，这种光还特别关爱念佛之人，像慈母一样照顾、保护他们。阿弥陀佛之所以有如此光能，都是因为其大慈大悲之心和所发之大心愿。据说，阿弥陀佛修行时曾发48个大愿，其中一愿即为：我将来成了佛，如我之光有限，不能遍照无边世界，就不愿成佛。他成佛后，果然如愿以偿（参见前面所解释的"无量寿佛"）。

⑦ 所：指所在的地方。这里指西方极乐世界。

⑧ 阿那含：梵文音译。意译"不还"、"不来"。小乘佛教修行的果位之一，有两种含义：1."不还果"，指通过修行完全断除欲界的修惑（即"思惑"，指修道所要破除的烦恼）而达到的果位，达到此位后，不再生还欲界，故名"不还果"。2."不还向"：正在最后断除欲界修惑并趋向"不还果"的修行者。经中所指为前者。

"阿那含"与"须陀洹"、"斯陀含"、"阿罗汉"为声闻（听闻佛陀言教及修习佛教真理——"四谛"的觉悟者）的四种果位。"须陀洹"，意译"入流"，指刚刚明白真正的道理，可进入圣人类。为四果位之初果；"斯陀含"，意译"一来"，言此果位之人死后升天做一世天上之人，再来世间做一世凡夫，方可摆脱生死轮回之苦。为四果位之第二果；第三果位为"阿那含"；"阿罗汉"，意译"无生"，指断灭一切烦恼，无生死。是声闻中最高果位。

⑨ 譬：音 pì，意为"比喻"、"比方"、"晓谕"、"通晓"。也

就是佛经中常出现的"譬喻"。《法华文句》释之曰:"'譬'者,'比况'也,'喻'者,'晓训'也。托此比彼、寄浅训深。……动树训风,举扇喻月,故言'譬喻'。"即以了知之法、显未了之法。佛经中常常用譬喻这种方法,以形象、生动、浅显的语言和故事,巧妙地阐述深奥的佛理。例如,《婆沙论》中,以"三兽渡河"的故事来譬喻说明悟道的深浅。兔、马、象三兽过河。兔足在水上,以譬喻声闻悟道最浅;马足在水中,以譬喻缘觉悟道稍深;象足到水底,以譬喻菩萨悟道最深。《优婆塞戒经》载:"如恒河水,三兽俱渡,兔、马、香象。兔不至底,浮水而过;马或至底,或不至底;象则尽底。恒河水者,即是十二因缘河也。声闻渡时犹如彼兔,缘觉渡时如彼马,如来渡时犹如香象。声闻、缘觉虽断烦恼,不断习气。如来能拔一切烦恼、习气根源,故名为佛。"

佛教中有专门用譬喻解说佛法的经典,"十二部经"将之归为一类,即第七类"譬喻"。著名的有《百喻经》。此经收集 100 条(实为 98 条,所谓的 100,是加上了卷首的引子和卷末的结偈)寓言故事,用譬喻的手法来解说佛教的基本教义,如因果报应说、布施持戒、修定、八正道等。据梁僧祐说,这些故事都是其作者古印度僧人僧伽斯那为了教导新学佛法的人,从其他佛经中摘选出来的。这些故事篇幅都不长,却形象生动、幽默有趣。例如,用《三重楼喻》这条寓言,告诫那些想证得涅槃解脱的佛弟子们,一定要努力修行,否则,就会像那个只打算直接建造第三层楼的富人一样愚蠢。除此而外,其他经典如《法华经》《金刚经》《观佛三昧海经》《仁王经》《般若经》《维摩经》等,都有专门的譬喻内容。

为了更好地阐明佛理,佛典中运用了许多不同手法的譬喻,《涅槃经》介绍了 8 种:1. 顺喻。随顺世谛,依照从小到大的顺序来譬喻。例如,天降大雨,则小坑满;小坑满,所以大坑满;大坑满,乃至大海满。如来法雨也是这样:众生戒满,便达到解脱满;解脱满,所以才能涅槃满。2. 逆喻。逆于世谛,依照从小到大的顺序譬喻。大海本为大河,大河本为小河,乃至小沟本为大雨。这样推来,如来涅槃本为解脱,乃至持戒本为法雨。3. 现喻。用眼前的正在存在着的事物做譬喻。猴子习性善变,喜新厌旧,很像一般人的脾气,所以《涅槃经》云"众生心性,犹如猕猴"。4. 非喻。用并非现实存在的事物来譬喻。如佛告波斯匿王:"有大山自四方来,欲害人民,则王如何?"这里,以并不存在的"四山"譬喻生、老、病、死四大苦。5. 先喻。先设譬喻,然后引申。如说人们喜爱美丽的花朵,而采摘时,为水漂流;引申为众生如果贪爱五欲,也会被生死之水漂没。6. 后喻。先讲道理,然后用譬喻加以解释说明,例如,佛经上说,勿轻小罪以为无殃;水滴虽微小,也能积少成多,渐满大海。7. 先后喻。先后所说的,都是譬喻之意。如佛经载:譬如芭蕉,生果则死;愚人得养,也是如此——如骡怀妊,命不久全。8. 遍喻。从头至尾都是用譬喻来说明道理。

⑩ 三福:佛教用语。指求生净土者应当修行的三种福业。即世福、戒福和行福。此经文对它们的内容做了明确的说明。所谓"世福",即"孝养父母,奉事师长,慈心不杀,修十善业";"戒福"即"受持三归,具足众戒,不犯威仪";"行福"即"发菩提心,坚信因果,读诵大乘,劝进行者"。另外,《俱舍论》卷十八将三福界定为:1. 施类福,行布施,以感大富之福果;2. 戒类福,持性遮二戒,以感生天之福果;3. 修类福,修禅定,以感解脱之福果。

⑪ 十善业:佛教用语。亦称"十善",与"十恶"相对。是佛教的基本道德信条。它们是:不杀生、不偷盗、不邪淫、不妄语、不两舌(不搬弄是非)、不恶口、不绮语(不说轻薄话)、不贪欲、不嗔恚、不邪见。前三条是身三善业,中四条为口四善业、后三条为意三善业。违反"十善业",就是"十恶业"、"十不善业"。

《法界次第初门》卷上之下,将"十善业"分为止、行两种"十善有两种。一止,二行。止则但止前恶,不恼于他;行则修行胜德，利安一切。……善以顺理为义，息倒归真，故之顺理。止则息于重倒之恶，行则渐归胜道之善，故止行两种，皆名为善。或加以道名，以能通至乐果也。"

"十善业"实际上是"五戒"的扩充，不同的是："五戒"作为居家佛教徒的戒律，只是规定信徒在行为上禁止做什么；而"十善业"作为道德信条，明确要求不应当想什么，不应该说什么、做什么。正如《奉法要》所云"五戒检形，十善防心"。

佛教宣称，修"十善业"者，可生天道（上品十善业）、人道（中品十善业）、阿修罗道（下品十善业）；犯"十恶业"者，就生在畜生道（下品十恶业）、饿鬼道（中品十恶业）、地狱道（上品十恶业）。六道中人都无法摆脱生死轮回之苦。

⑫三归：佛教用语。亦作"三皈"。"三"，即三宝——佛、法、僧，"皈"，归顺、依附。"三皈"指对佛、法、僧的归顺、依附。佛教徒在入教时必须先于师前受"三皈依"，即"皈依佛、皈依法、皈依僧"。《大乘义章》卷十释曰："依佛为师，故曰归佛；凭法为药，故称归法；依僧为友，故名归僧。"

佛教各门各派不管其主张多么不同，但都主张"三皈"，崇奉"三宝"——佛、法、僧。"佛"指佛教的创始者、祖师释迦牟尼，也泛指一切佛。

"法"指佛陀在菩提树下所悟的道，即佛教教义。基本理论主要有"四圣谛"、"八正道"、"十二因缘"、"三法印"等。所谓"四圣谛"指佛教关于人生社会的四种神圣的"真理"，它们是：1.苦谛——世间一切皆苦，是佛教对社会人生及自然环境所作的价值判断。2.集谛——造成痛苦的原因、根据。3.灭谛——在明白集谛道理的基础上，灭绝世俗诸苦得以产生的原因，进入解脱的无苦境界。4.道谛——指超脱"苦"、"集"的世间因果关系而达到出世间之涅槃境界的一切理论说教和修行方法。所谓"八正道"，又称"八圣道"、"八圣道分"、"八正道分"、"八支正道"，指八种通向涅槃解脱的正确方法或途径。它们是：1. 正见——对佛教真理（具体指"四谛"）的正确见解。2. 正思维——对"四谛"等佛教教义的正确思维。3. 正语——修四口业，不妄言、不绮语（绮语：花言巧语）、不两舌、不恶口，凡非佛理之语不言。4. 正业——除灭自身一切不正当之邪业使其清静。5. 正命——符合佛教戒律规定的正当合法的生活。6. 正精进——正确的努力，即勤勤恳恳修涅槃之道法。7. 正念——专心系念于"四谛"等佛教真理。8. 正定——修持禅定。注心于一境，观察、理喻"四谛"之理。佛教认为，依此修行可由"凡"入"圣"，从迷界（现实世界）此岸渡到悟界彼岸，故也喻之为"八船"、"八筏"。所谓"十二因缘"又称"十二支"，包括无明、行、识、名色、六处、触、受、爱、取、有、生、老死。无明——烦恼心、惑乱心、无知；行——前生由于无明而造成的善恶诸业，为"无明缘行"；识——由前生所造种种善恶诸业汇集为托胎投生的生命主体，为"行缘识"；名色——有了胎儿的生命主体，也就有了精神和肉体，为"识缘名色"；六处——有了精神、肉体，也就有了眼、耳、鼻、舌、身、意六种感官，为"名色缘六处"；触——婴儿出生后与外界的对象接触，从而发生感触和认识，为"六处缘触"；受——由接触外境引起苦、乐、爱、憎等感受，为"触缘受"；爱——由苦、乐、爱、憎等感受而产生的对事物的贪求和欲望，为"受缘爱"。取——既有对外界事物的贪爱和欲望，便会在行动中表现出对之的索取或占有，为"爱缘取"；有——在行动上有所索取就是造业，从而种下了来生果报之因，这就是"有"，为"取缘有"；生——既有今生之业的存在，必然导致来世之再生，为"有缘生"；老死——既有来世之生，必将老病而死，从而进入新的轮回。佛教认为，世上的一切（包括人）都是因缘而生，都处在因果联系之中，不存在什么永恒的东西，一切都转瞬即逝。所谓"三法印"，指三种印证是否为真正佛教的标准或者标帜。1. 诸行无常——世间万有变化无常；2. 诸法无我——

一切现象皆因缘和合，没有独立的实体或主宰者；3.涅槃寂静——超脱生死轮回，进入涅槃境界。有的佛经还加上"一切诸行苦"和"一切法空"（一切现象虚幻不实），合称"四法印"或"五法印"。

"僧"指释迦牟尼建立的教团，泛指信奉、弘扬佛教义理的僧众。由于对佛陀教义的不同理解和社会的变迁，佛教教团组织亦有所不同，公元前6世纪到公元前4世纪中叶，是释迦牟尼创立佛教及其弟子传承其教说的时期，称为原始佛教。公元前4世纪中叶后，佛教内部由于对教义和戒律的理解产生分歧，分裂为许多教派，先是上座部和大众部，后又分裂出十八部或二十部，这一时期的佛教被称为部派佛教。1世纪左右，印度政治、经济发生了很大的改观，一部分具有激进思想的佛教僧徒不满足于自我修养和解脱，主张普度一切有情众生，从生死此岸到达涅槃彼岸，自称大乘佛教，贬称其他佛教教团为小乘。公元7世纪后，随着印度社会的不断分裂和印度教的崛起，佛教逐渐与婆罗门教渗透、结合，形成以民俗信仰和高度组织化的咒术为主要特征的密教教团。这是佛教在印度发展的最后一个阶段。佛教产生后逐渐向世界各地特别是亚洲各国传播，成为世界三大宗教之一。在不同的国家和地区，与当地的民族特色相结合，形成了形形色色的佛教教团。

"佛"、"法"、"僧"包含了佛教的信仰目标、信仰理论、信仰徒众，是佛教的三大支柱，故称"三宝"，凡是佛教信徒，都必须首先"归依三宝"。"三宝"对佛教来说缺一不可，只有"三宝"具备，才构成完整的佛教。

⑬具足众戒：意即按照佛法的戒律规定受持具足大戒。"具足戒"亦称"大戒"，指出家僧尼达到比丘、比丘尼阶位时所奉受的戒律。戒条数目说法不一。我国僧尼隋唐以后都依《四分律》受戒，比丘戒250条，比丘尼戒348条。因这些戒条与沙弥、沙弥尼所受十戒相比，戒品具足，故称"具足戒"。"具足"意即

"圆满"。

出家人必须依戒法规定受持具足戒,才能取得正式的僧尼资格。具足戒对出家僧尼的宗教生活及日常生活的细枝末节,都做了细致、严格的规定,一般人难以做到。故佛门规定,不满20岁者不受此戒。《四分律》卷三十四载:"不应授年未满二十者具足戒。何以故?若年未满二十,不堪忍寒热饥渴、风雨蚊虻毒虫,及不忍恶言;若身有种种苦痛不堪忍,又不堪持戒及一食。"

⑭ 菩提心:"菩提"梵文音译,意译"觉"、"智"等。佛教名词。指对佛教"真理"的觉悟。旧时曾借用老、庄之语,译为"道",指通向佛教涅槃之路。《成唯识论述记》卷一"古云菩提道者,非也"。应"翻为觉,觉法性故"。广义说,凡断绝世间烦恼而成就"涅槃"之"智慧",通称为一"菩提"。《大智度论》卷四:"菩提,名诸佛道"。与佛教最高"智慧"含义相近。卷四十四鸠摩罗什注云:"菩提,秦言'无上智慧'。"

由于"菩提"一词涉及对佛教根本义理的理解,各个宗派在运用上不尽相同。有以觉知"无相"之般若智慧为菩提的,《维摩诘经》僧肇注"道之极者,称曰菩提,……盖是正觉无相之真智乎";有以先天具有的"佛性"为菩提的,《大乘起信论》以"觉"为"法界一相"、"如来平等法身";另有一种"菩提",只有佛才具有,全称"阿耨多罗三藐三菩提",意译"如来正等正觉"、"无上正真道"等。简称"觉悟"、"道"等。

"菩提心",即求菩提真道之心。按玄奘的解释,应为求正觉之心。《维摩经·佛国品》:"菩提心是菩萨净土"。《智度论》卷四十一:"菩萨初发心,缘无上道,我当作佛,是名菩提心。"《大日经疏》卷一:"菩提心即是白净信心义"。又曰:"菩提心名为一向求一切智智"。

一般认为,菩提心有两种:1.缘事菩提心。这种菩提心以愿度、愿断、愿知、愿证四种誓愿为体:众生无边誓愿度——令一切众生悉有佛性而愿求度之，令入大般涅槃。是饶闪有情戒，恩德之心，此为缘因佛性，是应身菩提之因也；烦恼无边誓愿断——愿求自断无边之烦恼。是摄律仪戒，断德之心，此为正因佛性，是法身菩提之因也；法门无尽誓愿知——愿求觉知玄奥无尽的佛门真理。是摄善法戒，智德之心，此为了因佛性，是报身菩提之恩也；无上菩提誓愿证——愿求证得佛果菩提。如果前三个誓愿具足成就，即可证得三身（应身、法身、报身）圆满之菩提。证得此菩提后，更要广泛地利益一切众生。2.缘理菩提心。佛教认为，一切诸法，本来寂静，如若能安住于这样的中道实相并能成就上求法理下化众生之愿心，就是最上之菩提心，谓为缘理菩提心。

另外，密教真言行者认为，菩提心有三种：1.行愿菩提心：修行发愿，故名为行愿。愿者，意为：知晓一切众生都有如来藏性（即人人具有佛性），故不忍独自安住于无上菩提，而愿以大乘微妙之法普度众生；行者，意为：为了实现上面的愿望而修四弘度之行。2.胜义菩提心：止息劣法，观显佛教胜义。分为教门胜义和观门胜义两种。所谓教门胜义，凡能观夫外道二乘法相，三论天台华严之九种住心，按顺序舍劣取胜，使自己安住于究竟之秘密庄严心。此即依所住之教而云胜义；所谓观门胜义，凡能观诸法觉悟其无自性，止除一切妄惑，而认识受持真正的佛理，万德斯足。此即依所显之理而云胜义。3.三摩地菩提心："三摩地"即"三昧"，意译"定"、"等至"、"等持"、"等念"。指心专注于一境而不散乱的精神状态，是佛教的重要修行方法之一。平等地受持诸佛自行化地之万德，故名等持；遍入有情界，平等摄受和护念众生，故名等念；无所不至，故曰等至。认为，前二者（等持、等念）是所有佛教门派都具有的，只有第三"等至"为密教独具。《菩提心论》曰："求菩提者，发菩提心修菩提行，既如是发菩提心已，须知菩提因之行相。其行相者，三门分别诸佛菩萨，昔在因位发是心已，胜义行愿三摩地为戒，乃至成佛无时暂妄。"

⑮ 因果：佛教名词。"因"与"果"并称，或指因果律，或指因果报应，是佛教用以说明世界一切关系并支持其宗教体系的基本理论。所谓"因"指原因、因缘；"果"即结果、果报。《瑜伽师地论》卷三十八所载："已作不失，未作不得"，正是佛教因果论之特点，即任何思想行为，都必然导致相应的后果，"因"未得"果"之前，不会自行消失；反之，不做一定之业因，亦不会得相应之结果。并认为一因不能生果，任何果都必须至少有两个因才能产生，任何单独的因，若果得不到适当的外缘，就永远不能产生出果来。佛教因果说还认为，整个世界的事物是互为因果关系的一个整体。外界客观事物和众生主体内心，也是互为因缘、互相贯通的：由众生的无明，生起我见，我见引起了外界的客体，客体唤起众生的贪欲，贪欲引起恶行，恶行招引再生和痛苦，痛苦又加重无明……这一系列因果链条，互相联结，彼此既是因，又是果，互为因果。据此，佛教提出"十二因缘"和"三世因果"，认为，现世界人们的贫富穷达，是前生所造善恶诸业决定的结果；今生的善恶行为，亦必导致后生的罪福报应。在这个意义上"业报"亦称为"因果"。总而言之，在佛教看来，人、人类社会和整个世界，都是一个因果关系的整体系统。

佛教从宗教实践的基本立场出发，对因果做了具体的分类。小乘佛教立四缘、六因、五果的理论；大乘佛教则立四缘、十因、五果的学说。

同其他有关因果的理论相较，佛教因果论主要是注重于心理活动的分类，侧重于人的心理和行为方面，特别注意业（因）和业报（果）。其中心问题是要阐明两种相反的人生趋向：一是做恶业而引起不断流转，即不断地受生死轮回之苦；二是做善业而得解脱，不再在"六道"中轮回，而证得涅槃。佛教教导人们要做善业（善因），长期修持，以远离和超脱生死流转，追求和证悟涅槃解脱。这才是佛教因果论的落脚点。

⑯ 三世诸佛：指过去世的燃灯佛（一说为迦叶佛），现在世的释迦牟尼佛，未来世的弥勒佛。此为"竖三世佛"。"横三世佛"指东方净琉璃世界药师佛，娑婆世界释迦牟尼佛，西方极乐世界阿弥陀佛。此经中所指为前者。

⑰ 谛听："谛"意为详细、仔细、弄清楚。"谛听"即仔细地听。下面经文中还有"谛观"一词，意谓"仔细地、认真地观想"。另外，"谛"用于佛教义理，指所谓真实无谬的道理。常与"真"连用，成"真谛"。例如"四谛"，即指四种（苦谛、集谛、灭谛、道谛）颠扑不破的佛教真理。

⑱ 众生：亦称"有情众生"，音译"萨"。佛教名词，是佛教对人和一切有情识生物的通称。《大日经疏》卷十七："有情者，梵音索哆，是着义，又名萨，是有情义。"《成唯识论述记》卷一本："梵云萨，此言有情，有情识故。今谈众生，有此情识，故名有情"。反之，草木、山河、大地、土石等无情识的东西称为"非情"或"无情"。佛教对有情众生的分类、生成和生命特点都有详细的论述。关于众生的分类，佛教认为由于众生所造之业千差万别，故由千差万别的业也就形成了千差万别的众生，即众生的种类也是无限的。但为了方便起见，分为几大类。通常的分类法有3种：1.五趣或六趣，亦称五道或六道。指天、人、阿修罗、畜生、饿鬼、地狱（五道去掉"阿修罗"）。佛教认为修十善业者生在前三道，犯十恶业者生在后三道。2.七识住。指七种心识能存在之处。它们是①身异想也异处，包括欲界的阿修罗、人和天，以及不在劫初时的色界初禅诸天。②身异想一处，包括劫初时的初禅诸天。③身一想异处，指第二禅诸天。④身一想一处，即第三禅诸天。⑤空无边处。⑥识无边处。⑦无所有处。最后三处相当于无色界的低级三天。至于地狱、饿鬼、畜生三恶趣和第四禅诸天以及无色界的第四天，都不能使心识存住，不属于识住类。3.九有情居。又称"九众生居""九居"。指七识住、第四禅诸天、无色界第四

天。佛教认为，此九处适宜有情众生居住，有情众生也乐于居住。在这三种分法中，以第1种为最常见。

另外，近代的黄智海居士认为：除佛以外的任何人都可以叫做"众生"，分菩萨、缘觉、声闻、天道、人道、阿修罗道、畜生道、饿鬼道、地狱道九等。佛教认为，世界一切皆苦，人生无事不苦，可谓苦海无边。苦的原因是人自身的"惑"和"业"。"惑"指一切烦恼；"业"意为选做，泛指一切身心活动，人的一思、一言、一行皆是做业。认为由于人们认识上的愚痴无知，从而产生贪欲，贪欲导致行动，这就是造业，造业好比播种，必然生根、开花、结果。做业有善恶，果报也随之不同，但无论果报如何，都必须重新进入新的生命过程以便领受，即进入生死轮回，这样人们仍然摆脱不了苦。为了摆脱苦，就必须以佛教的主张进行修行，但由于人的悟性、品德、忍性等各方面的不同，修行也有高低之分：1.修"六度"万行的为菩萨。所谓"六度"指布施——分两种：法施，即以佛法劝化人；财施，以财物周济人。持戒——守住佛之禁戒，不造各种恶业。忍辱——忍耐一切苦痛、冤屈。精进——立志行善止恶。禅定——不以杂念扰心，惟有佛法在心中。智慧——能"自觉"和"觉他"。2.修"十二因缘"的为缘觉（觉悟了十二种因缘），又叫辟支佛。3.修"四谛"为声闻（听闻佛陀言教的觉悟者），分须陀洹、斯陀含、阿那含、阿罗汉四果位。4.修"十善业"者将生天道、人道、阿修罗道；犯"十恶业"者生在畜生道、饿鬼道、地狱道。

⑲ 佛力：佛教用语。指诸佛以佛法救济众生的功力。南朝梁武帝《以李胤之得牙像赦诏》："宜承佛力，弘慈宽大"。元何中《照武西塔上报恩寺》诗"知佛力宏，能使地灵现"。明李贽《史纲评要·南宋纪·高宗》："潜善这等有福，佛力耶？"

⑳ 无生法忍："无生"或"无生法"是佛教对世界的一种看法。佛教认为，世间一切现象之生灭变化，都是世间众生虚妄分别的

产物。万事万物之本质在于"无生","无生"也就"无灭",这才是诸法的"实相"、"真如"(本来的面目,真正的本质)。达到了对"无生"的认识,称为"无生忍"或"无生法忍"。《大智度论》卷五十"无生法忍者,于无生灭诸法实相中信受、通达、无碍、不退,是名'无生忍'。"

"忍",为梵文"羼提"的意译,有"忍受""认可"等意思。《成唯识论》卷九载"忍有三种,谓耐怨害忍、安受苦忍、谛察法忍",即把安于受苦受害而无怨恨情绪及能认可佛教真如的信仰当作"忍"的内容。另外,据《显扬圣教论》卷三载"忍波罗蜜多:谓或忍受他不饶益不恚性,或因安受诸苦不乱性,或因审察诸法正慧性","忍"当为对于其他一切事物之信受认可,属于智的一种。但作为佛教普遍宣传的一种美德,"忍"的重点不在对佛教真如信仰的信受认可,而在要求众生安于苦难和耻辱,故有"忍辱"之说,并以之为菩萨修行的"六度"之一。《六度集经》第三章载:"忍不可忍者,万福之原。"

佛教认为,认识了"无生"或"无生法"即得到了"无生法忍",也就达到了佛教全部修习所要达到的最高理想——涅槃。达到了涅槃,心念永远系住于"真如实相",再也不会受外界的干扰、迷惑,也就不可能再回头退转到凡夫俗子的拙见中去了,所以,佛教中也称"无生法忍"为"阿跋致"(意译"无退转"、"无回头"),即具备"无生法忍"者,在极乐世界中,只有一直慢慢修上去,没有半途而废退转下来的。之所以这样,佛教认为原因很多,大致有以下5个方面:1.缘于阿弥陀佛之愿心。阿弥陀佛曾发大愿心者:我若成佛,凡念我名号、依我法修行之人,都只有一直修上去而无退转。2.缘于阿弥陀佛之无量光。凡念佛之人,阿弥陀佛就放出光来保佑、接引他们,有此佛力相助,自然不会退转回头。3.西方极乐世界的树木、网络、鸟语、风声皆会说法,往生到此地之人,有这般种种法音常萦于耳,自然会生出念佛、念法、念僧之心，哪儿还会退转下来呢？4.生活在极乐世界的都是声闻、菩萨。由阿弥陀佛接引到此的人，常常与他们为友，并可目睹佛之仪容、耳听佛说法，自然不会退转回去。5.俗世之人大多由于"财"、"色"而起邪念、造恶业。但在极乐世界，要吃有吃、要穿有穿，又无家室拖累，钱在此已失去意义，压根无用。故无"贪财"之说。再则，往生净土之人，都是经莲花再生的，无淫欲之心，无女身，也就无"色"。在那儿，也无邪教魔鬼来引诱人们走上邪路，所以不会退转。

"不退转"有3种类型：1.位不退——升位至圣人贤人后，不再退转做凡夫。2.行不退——专门修学大乘菩萨行后，不会再退到小乘的声闻、缘觉中。3.念不退——心思总是同佛的智慧相吻合，不再起别的念头。

㉑ 天眼：佛教名词。五眼（肉眼、天眼、慧眼、法眼、佛眼）之一，又称"天趣眼"。为天人禅定所见，能透视六道、远近、上下、前后、内外及未来等。《大智度论》卷："于眼，得色界四大造清净色，是名天眼，天眼所见，自地及下地六道中众生诸物，若近、若远、若粗、若细，诸色无不能照"。另外，"天眼"亦指天神之眼，经中"天眼"即指称"天神之眼"，称"天眼通"。"天眼通"为"六通"（神足通、天眼通、天耳通、他心通、宿命通、漏尽通）之一，可透视无碍，具无所不见的神通。隋代智顗《法界次第初门》中之上："修天眼者，若于深禅定中，发得色界四大清静造色住，眼根中即能见六道众生死此生彼，及见一切世间种种形色，是为天眼通"。宋代张商英《护法论》"唯其具天眼通，则一瞬遍周于沙界。"

"天眼"根据其来源之不同分为2种：生于色界，自然得此净眼者，称为报得或生得之天眼；个人依靠禅定力在肉眼的基础上修得净眼者，称为学所行之天眼。

㉒ 佛灭："灭"即逝世、圆寂。"佛灭"指释迦牟尼佛圆寂。佛

教认为，释迦牟尼佛圆寂后，佛法将日渐衰微。分为正、像、末三法时期，又称"三时"。正法时代：此时，佛虽去世，而法仪未改，佛法正确无误，包括教说（"教"）、修行（"行"）和证悟（"证"）三个方面；像法时代：佛法相似正法，只有"教"、"行"，而无"证"；末法时代；佛法将灭，只有"教"，而无修行和证悟。唐代窥基《大乘法苑义林章》卷六："佛灭度后，法有三时，谓正、像、末。具教行、证三，名为正法；但有教、行，名为像法；有教无馀，名为末法。"嘉祥《法华义疏》卷五："佛虽去世，法仪未改，谓正法时。佛去世久，道化讹替，谓像法时。转复微末，谓末法时"。《法华玄赞》卷五："若佛正法，教行证三，皆具足有；若佛像法，唯有教行，无证果者；若佛末法，唯有教在，行证并无。"

关于三法的时限，说法不一，一般如《南岳思大禅师立誓愿文》和《安乐集》卷下等，认为正法五百年、像法一千年、末法一万年。而《释净土群疑论》卷三引《大悲经》则言：正法千年、像法千年、末法万年。

正因为佛灭后，佛法日渐衰微，所以，与佛同时代的人就更加以能亲耳聆听佛语而深感万幸，对佛圆寂后的世界感到恐惧。这才有经中韦提希夫人"若佛灭后，诸众生等、浊恶不善、五苦所逼，云何当见，阿弥陀佛极乐世界？"之语。

㉓ 五苦："苦"，梵文"豆法"之意译。据《佛地经》解："逼恼身心名苦"。"苦"与"惑"、"业"相连，由惑起业、由业感苦。佛教认为，我们居住的这个娑婆世界，众生因"不明"生惑起业，所以处处充满了苦，生活其中的人不管富、贵、贫、贱，都免不了受这些苦。关于"苦"的种类很多，有二苦、三苦、四苦、五苦、八苦、十苦、一百一十苦等等。二苦指内苦和外苦。内苦包括身体生理病痛和感情、意志、思想等自相矛盾的心理活动；外苦指来自外界的各种灾难祸殃。三苦指：1.苦苦——遭受到苦事而

感觉痛苦，如受饥渴寒热等逼迫而产生的苦。2. 坏苦——遇到乐事变迁，如众生由富贵变为贫贱而产生的苦恼。3. 行苦——"行"意谓迁流。"行苦"指众生由于事物迁流变化无常而引起的痛苦。四苦即指生、老、病、死。最常见的"八苦"即生、老、病、死这四苦、怨憎会苦（互相埋怨、憎恨者本求远离，但又往往聚集一处所带来的痛苦）、爱别离苦（互相友爱者生离生别带来的痛苦）、求不得苦（想得到但又偏偏得不到所带来的痛苦）、五取蕴苦（又称五蕴炽盛，是前七苦之苦根。佛教认为，构成人的成分不外乎五种，即"五蕴"：色——肉体、受——感情和感受、想——理性及意念活动、行——意志活动、识——统一前几种活动的意识。这"五蕴"与一种固执的欲望即"取"联结在一起，就会产生种种贪欲。因此，人一旦有了"五蕴"，就会产生苦）。经中所谓的五苦是将生、老、病、死这四苦合为一苦，再加上"八苦"的其余四苦，合为五苦。当然，佛教也不否认，人在一生中也有欲望实现而享受快乐的时候，但诸行无常，一切都在变化之中，一时之乐无非是过眼云烟，到头来终成空幻，依然是苦。

但佛教认为，有一种"苦"另当别论，那就是为了修行而甘愿吃苦。比如，为了修成罗汉，就得经历11种苦法：1. 阿练苦。2. 乞食。3. 一处坐。4. 一时食。5. 正中食。6. 不择家食。7. 守三衣。8. 坐树下。9. 露坐闲静处。10. 著补衲衣。11. 在冢间。如果有人在11年中连续不断地学此"11苦法"，就可以成阿罗汉。

【白话】

说话间，世尊双眉之间放出金色的光芒，其光普照十方无边无垠的世界，然后折射返回，罩定在世尊佛的头顶上，化为一座金台，如须弥山一样高大。十方诸佛的净妙国土，全都在此金台中显现：有些佛国净土是由七宝合成的；有些纯粹是由莲花构成的；还有的如同自在天王的宫殿；再有的晶莹剔透，如同水晶镜一般。十方世界所有的净妙佛土都在此金台中显现着种种奇异。像这样数不胜数的佛国净土庄严之相，凭肉眼便能看得一清二楚。佛都让韦提希夫人一一亲眼得见。

在佛力的协助下，韦提希夫人亲眼见到如此圣景，感激不已。但她有自己的想法，就恭敬地对佛说："世尊，这些数不胜数的各种佛国净土，虽然光明照耀、清净妙洁，但我现在只希望往生阿弥陀佛为教主的西方极乐世界。愿佛祖教我往生极乐世界的观想思维及入定之法，我将用心领受。"

闻听此言，世尊开颜微笑，口出五色光芒，每一缕光芒都照耀在频婆娑罗王的头顶上。这时，频婆娑罗王虽被儿子阿阇世禁闭于七重密室中，但"心眼"无所蒙蔽，所以远远地看见世尊，即行五体投地大礼，自然之中，道行增进，成就了断尽欲界烦恼，不再生还欲界受轮回之苦的阿那含果位。

这时，世尊对韦提希说："你现在知不知道，阿弥陀佛离此地不远。你应当专心系念、仔细地观想那西方极乐世界中修行净土法门的得成就者。现在，我详细地向你演讲各种譬喻，使你通晓其中的道理，也让未来世的一切凡夫俗子中愿修持净土法门的人们，都可以像你一样，往生西方极乐世界。"

"想往生西方极乐世界的人，应当修习三种福德：第一种，孝敬供养父母，尊重服侍师长，心怀慈悲之念，不屠杀生灵，修行十种善业。第二种，皈依佛、法、僧三宝，受持各种戒规，不管什么情况下，都不失持戒人之威严仪态。第三种，生发菩提道心，对因果报应深信不疑，诵读大乘经典，劝勉修行人奋进不已。上述三件事，便是净土法门的净业缘。"释迦牟尼对韦提希强调说："你现在明白了吗？以上三方面的业缘就是过去、现在、未来三世佛修得净土的真正的主要的原因。"

释迦牟尼接着对韦提希说:"仔细听着,仔仔细细地听着!好好用心体会!现在,我要为你和未来世的一切众生、为被烦恼所束缚着的人们,宣讲演说皈依净土的法门。好吧,韦提希,快就这件事情提问吧!"

佛又对阿难说:"阿难,你应当好好地领会熟记,以便为更多的众生转述演说我所讲之法。现在,我教导韦提希及未来世一切众生观想那西方极乐世界。因为佛力相助的缘故,你们还将亲眼看见这西方极乐世界的清静美妙国土,就同手执明镜从中看自己的相貌一样清晰。又因为你们看到了西方极乐世界种种妙洁快乐的事相,心中产生无限欢喜。由于这个缘故,你们将会随顺悟到诸法的本来面目、真正本质——无生无灭,得无生法忍。"

佛又告诉韦提希夫人说:"你是凡夫,内心领悟、认识和知见佛法的能力都很弱,没有得到天眼神通,不能看到远方的境界。诸佛如来有奇异的方便法门,由于有他们的帮助,你现在才能见到西方极乐世界的种种美妙景象。"

听见释迦牟尼这样说,韦提希夫人急忙提问道:"世尊啊!像我这样的凡夫俗子,因借助佛力的帮助才得以见到西方极乐世界。如果佛涅槃之后,诸众生们生活在这浊恶不善的世界中,被生老病死、怨憎会、爱别离、求不得、五取蕴等苦难所煎逼,又凭借什么才能见到阿弥陀佛的极乐世界呢?"

【说明】

此节经文为别序的第四段,叙述世尊佛应韦提希夫人意愿,向其显现"十方诸佛净妙国土"的圣景,并对其演说往生净土应当修行的"三福"。最后,由韦提希夫人向佛询问:佛涅槃后,如何才能往生西方极乐净土?从而结束序分,引出下面的正文——正宗分。

佛教认为,世福(孝亲、敬师、修十善业)、戒福(受持三皈、众戒,并持威仪)、行福(发菩提心、深信因果、诵大乘经并劝他行)这三种福业,是净业正因,为往生西方净土的基本条件。只有修持三福,才有基础去修持、思考其他往生净土的法门。

【经文】

佛告韦提希:"汝及众生,应当专心系念一处,想于西方。云何作想?凡作想者,一切众生,自非生盲①。有目之徒,皆见日没。当起想念,正坐西向,谛观于日欲没之处,令心坚住,专想不移。见日欲没,状如悬鼓。既见日已,闭目开目,皆令明了。是为'日想',名曰'初观'。作是观者,名为正观。若他观者,名为邪观。"

佛告阿难及韦提希:"初观成已,次作水想。想见西方一切皆是大水,见水澄清,亦令明了,无分散意。既见水已,当起冰想。见冰映彻,作琉璃想。此想成已,见琉璃地内外映彻。下有金刚七宝金幢②擎琉璃地,其幢八方、八楞具足,一一方面,百宝所成。一一宝珠,有千光明。一光明八万四千色,映琉璃地,如亿千日,不可具见。琉璃地上,以黄金绳杂厕③间错,以七宝界,分齐分明。一一宝中,有五百色光,其光如花,又似星月,悬处虚空,成光明台。楼阁千万,百宝合成。于台两边,各有百亿花幢、无量乐器、以为庄严④。八种清风从光明出,鼓此乐器,演说苦、空⑤、无常⑥、无我⑦之音。是为'水想',名'第二观'。"

"此想成时,一一观之,极令了了。闭目开目,不令散失。唯除食⑧时，恒忆此事。作此观者，名为正观。若他观者，名为邪观。

佛告阿难及韦提希，水想成已，名为粗见极乐国地。若得三昧⑨，见彼国地，了了分明，不可具⑩说，是为'地想'，名'第三观'。"

佛告阿难："汝持佛语，为未来世一切大众欲脱苦者，说是观地法。若观是地者，除八十亿劫生死之罪⑪。舍身他世，必生净国，心得无疑⑫。作是观者，名为正观。若他观者，名为邪观。"

佛告阿难及韦提希："地相成已，次观宝树。观宝树者，一一观之，作七重行树想。一一树高八千由旬⑬，其诸宝树，七宝华叶，无不具足。一一华叶，作异宝色：琉璃色中出金色光，玻璃色中出红色光，玛瑙色中出砗磲光，砗磲色中出绿真珠光。珊瑚⑭琥珀⑮，一切众宝，以为映饰。妙真珠网，弥覆树上，一一树上，有七重网，一一网间，有五百亿妙华宫殿，如梵王宫。诸天童子，自然在中。一一童子，有五百亿释迦毗楞伽摩尼⑯，以为璎珞。其摩尼光照百由旬，犹如和合百亿日月，不可具名。众宝间错，色中上者。此诸宝树，行行相当，叶叶相次。于众叶间，生诸妙华。华上自然有七宝果，一一树叶，纵广正等二十五由旬。其叶千色，有百种画，如天璎珞。有众妙华，作阎浮檀金⑰色。如旋火轮，宛转叶间。涌生诸果，如帝释瓶⑱。有大光明，化成幢幡⑲，无量宝盖。是宝盖中，映现三千大千世界⑳一切佛事㉑。十方佛国亦于中现。见此树已，亦当次第一一观之，观见树茎枝叶华果，皆令分明。是为'树想'，名'第四观'。作是观者，名为正观，若他观者，名为邪观。"

佛告阿难及韦提希："树想成已，次当想水。欲想水者，极乐国土有八池水。一一池水七宝所成，其实柔软，从如意珠王生，分为十四支。一一支作七宝妙色，黄金为渠，渠下皆以杂色金刚以为底沙。一一水中，有六十亿七宝莲花。一一莲花，团圆正等十二由旬。其摩尼水流注花间，寻树上下。其声微妙，演说苦、空、无常、无我，诸波罗蜜㉒。复有赞叹诸佛相㉓好者，从如意珠王涌出金色微妙光明。其光化为百宝色鸟，和鸣哀雅，常赞念佛、念法、念僧。是为'八功德水㉔想'，名'第五观'。作是观者，名为正观，若他观者，名为邪观。"

佛告阿难及韦提希："众宝国土，一一界上，有五百亿宝楼。其楼阁中，有无量诸天作天伎乐㉕。又有乐器，悬处虚空，如天宝幢，不鼓自鸣。此众音中皆说念佛、念法、念比丘僧。此想成已，名为粗见极乐世界宝树宝地宝池，是为'总观想'，名'第六观'。若见此者，除无量亿劫极重恶业，命终㉖之后，必生彼国。作是观者，名为正观，若他观者，名为邪观。"

【注释】

① 生盲：意为天生目盲。
② 金刚七宝金幢：金刚是梵文"嚩日罗"、"伐折罗"的意译，意思是"金中之精者"，俗称"金刚石"。据《抱朴子》载，此石出

自扶南（旧时县名，位于今广西西南部），"生水底石上，如钟乳状，体似紫石英，可以刻玉。虽铁锥击之，亦不能伤。惟羚羊角扣之，则涣然冰泮"。金刚既是无比坚固之物，又为无坚不摧之器，却怕羚羊角。尽管如此，它还是以牢固著称。

佛教引用"金刚"，取其金中最刚之意。用以比喻佛法坚固锐利，能摧毁、排遣一切烦恼苦痛。如称"般若"为金刚；将如来不坏之身，比做"金刚身"，《涅槃经·金刚身品》载："如来身者，是常住身，不可坏身，金刚之身"；将释迦殊胜口舌，比做"金刚口"，《璎珞本业经》载："尔时释迦牟尼佛，以金刚口敬首菩萨言"；将菩萨坚固不可破之心，比做"金刚心"；把在灌顶式时受者所饮的誓水，比做"金刚水"。《金刚顶经疏》载："世间金刚有三种义：1.不可破坏。2.宝中之宝。3.战具中胜"。金刚是坚固、强大、不可破坏和神圣的象征，可谓佛教支柱。

此外，"金刚力士"亦简称"金刚"。"金刚力士"即手执金刚杵守护佛法的天神。"金刚杵"为古代印度的一种兵器。据说是以金刚所造（其实是以金石或木材做成）。密宗假借金刚锋利之义，认为金刚杵能断烦恼、伏恶魔。于是将手持金刚杵的力士，也称作"金刚"或"金刚手"。《行宗记》载"金刚者，即侍从力士。手持金刚杵，因以为名"。《大日经疏》则言："执金刚杵，常侍二佛，故曰'金刚手'。"金刚手中最著名的，便是大雄宝殿中的"四大金刚"了，"四大金刚"本称"四大天王"，"四大金刚"是其俗称。他们各执一物，称"风调雨顺"。南方增长天王，身青色，执宝剑，是"风"；东方持国天王，身白色，执琵琶，是"调"；北方多闻天王，身绿色，执伞，是"雨"；西方广目天王，身红色，执蛇，是"顺"。他们的职责是镇守佛门。

金幢："幢"音 chuáng，佛教用物。一般为佛殿中悬挂的装饰品，用黄色锦缎或一般丝织品制成，状如长筒，上面常绣以龙、花，特别是莲花，表示吉祥。另外，佛塔建筑上之九轮，也称为

"金幢"。

这里的"金刚七宝金幢"指支撑琉璃地的金幢的原料构成为"金刚和七宝"。

③厕：意为"置"、"参加"。如厕身（亦作"侧身"），意即置身。

④庄严：装饰，指经文中所言极乐世界里种种精巧、高雅的装修、布置。

⑤空：佛教名词。梵文"舜若"的意译。指事物之虚幻不实，或理体之空寂明净，是佛教对世界及人生的一种看法。佛教认为，世界上的一切现象都是因缘和合而成，刹那生灭，没有质的规定性和独立实体，假而不实，故谓"空"。然而，"空"非"虚见"，因缘幻化只是假有，如果否认假有，就是"恶取空"。

由于门派不一，佛教对"空"的解释理解也不尽相同。一般来说，小乘主张"人我空"，亦名"无我"、"人无我"。从使用方法说，称"分析空"，即从物体可分为若干基本因素或部分上、从物之生灭变化上说明物之不实在和不自在，并据此认为"人我"是五蕴"假和合"而成，实际上始终处于十二因缘的流程转变之中，故"人我"为空。大乘在主张"人我空"外，还讲"法我空"，即所谓的"法空"或"法无我"。从使用方法上说，称为"当体空"，即认为无须经过任何分析，现象自身即是空。《般若心经》载"色不异空，空不异色，色即是空、空即是色"。中观学派的"空论"以缘起说作为根据，他们认为，万物既然是因缘和合而生，也就是说是依靠其他原因、条件而生，不是从它自身中产生，所以，它的存在不是真实的存在。《中论·观四谛品》载："因缘所生法，我说即是空。"瑜伽行派认同中观学派的空观思想，但又认为，"一切皆空"的说法，会导致否认成佛的主体和境界的后果，危及佛教自身的存在。为了避免之，瑜伽行派提出万法唯识所变，识无境无的理论，认为世界万物都是由："识"所变现。所谓的"识"，他们认为就是人的思维、认识作用以及产生这种作用的心的特殊功能，即指一切精神现象。认为这种"依识所变"的万事万物，"非为实有"，都是空的。《大乘起信论义记》卷二："依一切众生以有妄心，念念分别，皆不相应，故说为空。"

由于佛教各门各派对"空"的解释不尽相同，所以对"空"的分类也有各种各样。在三空、四空、六空、七空、十空、十一空、十二空、十四空、十六空、十八空、十九空、二十空等等的分类中，以《大品般若》、《大智度论》所说的十八空影响较大。

⑥无常：佛教用语。"诸行无常"的略称。为佛教三法印之一。"常"，恒常。"无常"即不恒常、变化无定性。佛教认为世界上的一切事物都是因缘和合而成，都有一定的原因、条件，一旦原因、条件有所改变，它所和合而成的事物也就会起变化，所以，万事万物都在生起、发展、变异、坏灭的过程中，迁流不息，没有常住性。"无常"有两种：1.刹那无常。指一切有为法，刹那之间有生、住、异、灭的变化；2.相续无常。指一切有为法在一期相续之上有生、住、异、灭四相。

佛教经典中，常常以无常迅速、念念迁移、石火风灯、逝波残照、露华电影等词来喻比万物之念念无常。《涅槃经》卷一："是身无常，念念不住，犹如电光暴水幻灭"。《大智度论》卷二十三："一切有为法无常者，新新生灭故，属因缘故"。《坛经》："生死事大，无常迅速"。无常是无始无终的，世间的一切事物都处在生灭变化之中。人有生、老、病、死，死后则转化为其他生命体，相续不绝；日有升有落，月有圆有缺；草木有枯也有荣。

⑦无我：梵文意译，亦称"非我"、"非身"。佛教名词。"三法印"之一"诸法无我"的略称。指世界一切存在都没有独立的不变的实体或主宰者，一切事物都没有起着主宰作用的我或灵魂。也就是说，世界上没有单一独立的、自我决定的永恒性的事物，一切事物都是因缘合成的、相对的和暂时的。"无我"分为两大类：

1."人无我"（人空），是说人由五蕴假和合而成，没有常恒自在的主体。《俱舍论记》卷二十六："非自在故非我"。《大乘义章》卷三："苦非我体，故名为无我"。《原人论》："形骸之色，思虑之心，从无始来，因缘力故，念念生灭，相续无穷。如水涓涓，如灯焰焰，身心假合，似一似常。凡愚不觉之，执之为我。宝此我故，即起贪嗔痴等三毒。三毒系意，发动身口，造一切业"。佛教认为，人乃因缘假和合而成，"我"实际上是不存在的。世间的凡夫俗子认识不到这一点，执"我"不放，从而引起无穷烦恼、招致诸多痛楚。2."法无我"（法空），认为一切"法"（指客观存在的事物）都是由种种因缘和合而生、不断变迁，无常恒坚实的自体。

⑧食：梵文"阿贺罗"的意译，总谓"增益身心者"。《俱舍论》载："毗婆沙说，食于二时能为食事，俱得名'食'。一、初食时能除饥渴。二、消化已资根及大。"对于普通人来说，"食"就是吃下肚里的食物，虽然酸、甜、苦、辣滋味各不相同，但都从口中而入。然在佛教中，"食"的含义要广泛得多。佛经中常说，人以爱为食，爱以无明为食，无明以五盖（即能盖覆人之真性的"贪欲"、"嗔恚"、"睡眠"、"掉悔"、"疑"）为食，不信以闻恶法为食等等。《增一阿含经》将"食"分为9种：1.段食，将食物分成细段咬碎而食，以香、味、触三者为体，这是一般的食物。2.触食。眼、耳、鼻、舌、身、意六识触对喜爱的情景而生喜乐，以长养身心者。3.思食。意识思及好事而生乐趣，资益诸根者。4.识食。地狱里的众生和无色界的有情等，以识资持命根者。5.禅悦食。修行之人得禅定的乐趣，能养诸根者。6.法喜食。修法之人闻法生欢喜，资慧命养身心者。7.愿食。修行之人发誓愿而持身，修万行者。8.念食。修行之人，常念出世的善根，而不忘以资益慧命者。9.解脱食。修行的人，最终得涅槃之乐而长养身心者。以上9种食，只有第1种"段食"是可填饱肚子的，其他8种，都是感觉和精神上的，即现在常说的精神食粮。

经中之"食"指称第1种"段食"，也就是一般意义上的饮食。那么，佛教对饮食又有些什么规定呢？佛教刚在印度出现的时候，并没有特殊的饮食习惯和规定，原始时代的佛教徒出家者都是沿门托钵，所谓"一钵千家饭"。他们不选择托钵的对象，也没有洁净不洁净、神圣不神圣的饮食禁忌，为的是一律平等、广结善缘。直至今日，斯里兰卡、缅甸、泰国等上座部的佛教区域，乃保留着当年的古风，供养者供养什么，就接受什么，没有选择、挑剔的余地。甚至只要不是特为托钵者而杀生，纵然鱼肉也不拒绝，这就是为什么小乘佛教不规定必须素食的原因。

但基于慈悲的立场，素食是佛教所强调和鼓励的。大乘经典如《梵网经》、《楞严经》等都强调素食，严禁肉食。我国百姓习惯上常常以"荤腥"二字指称肉食，事实上"荤"和"腥"的含义不同。所谓"荤菜"，是指具有恶臭味的蔬菜类，如：大蒜、大葱、韭菜、小蒜、蒜苔等。《楞严经》说：荤菜生吃生嗔、熟食助淫。在具足大戒即比丘戒中规定：凡食荤菜者应该单独住；与他人交往，需离他人数步外，并居其下风而坐，要么必须漱口至没有恶臭为止；在诵经之前，为了不使听经者鬼神发嗔和起贪，最好不吃荤菜。"腥"才指肉食。辣椒、五香、八角、香椿、茴香、桂皮等都算是香料，不算荤菜，不在戒律所限。对于乳制品，佛教认为它既不属于肉食，也不属于荤食。因为牛羊吃草及五谷，所产的乳汁也不含腥味，饮乳既未杀生，亦不妨碍牛犊、羊羔的饲养，哺育。所以，在释迦牟尼佛的时代，即普遍饮用牛乳，并将乳制品分为乳、酪、生酥、熟酥、醍醐等五类，是日常的食品，也是必需的营养品，不在禁戒之列。对于蛋类，佛教以之可孵成小鸡且其味腥为由，主张持素清净之人最好不食。

至于不得饮酒，在印度乃是佛教徒的特色。其他宗教不仅不戒酒，甚至认为酒能通神。但佛教认为，饮酒多容易乱性，使人头脑不清醒，不利于精进修行、培养佛教智慧。所以，为了成就佛果,必须戒酒。

⑨三昧:梵文音译,亦译"三摩地";意译"等持"、"定"。佛教名词。指心专注一境而不散乱的精神状态,佛教以此作为取得确定认识、做出确定判断的心理条件。据《大智度论》卷五等所述,认为"善心一处不动而名三昧"。《俱舍论》卷四将之定义为"心一境性"。《大乘百法明门论忠疏》载:"于所观境令心专注不散为性,智依为业。谓观得、失,俱非境中,由定令心不散,依斯便有决择智生。"

"定"又分为两种:1."生定",即人们与生俱有的一种精神功能。2."修定",指专为获得佛教智慧或功德、神通而修习所生者。亦即作为三学(戒学——佛教戒律,防止身、口、意三不净业;定学——禅定,修持者思虑集中,以观悟佛理,灭除情欲烦恼;慧学——智慧,使修持者除烦恼、得解脱)之一的定学及六度之一的"定波罗蜜"。在我国,"定"往往与"禅"连称"禅定"。

"禅"是梵文音译"禅那"之省略,意译为"静虑"、"思维修"、"弃恶"、"功德丛林"等,特指为生于色界诸天而行之宗教思维修习,心绪宁静专一,深入思维义理。"禅定"是佛教的一种宗教修养活动,历来都受重视。原始佛教和部派佛教认为,教徒的宗教实践是先"见道"而后"修道",也就是说先了解明白四谛等佛教教义的道理,然后再"修道"。修道即修行,而修行的主要方法是禅定。据后来的《俱舍论》《瑜伽师地论》等佛典解释,习禅的目的大体有4个方面:1.得现法乐住。2.得知见。3.得分别慧。4.得漏尽。从现代意义上讲,它是运用宗教教诲所得的信仰力量,限制来自内部情绪的干扰和外界欲望的引诱,使修习者的精神乐于集中于规定的观察对象,并按照规定的方式进行思考,以对治烦恼,解决去恶从善、由痴而智、由"染污"到"清净"的转变任务。它甚至也可以按照佛教修习方法的安排,产生某种心理现象,使修行者从心绪宁静,到心身愉悦安适,一直到出现某些特定的宗教幻觉或幻象等等。总之，它要严格控制意识的活动，使之按照佛教规定的思维方式以达到控制意志的保证。后来大乘佛教把禅定和般若结合起来，以"智慧"指导禅定，"止观并提"、"定慧双修"。中国禅宗以"禅"命名，进一步扩大了禅定的观念，重在"修心"、"见性"，而不再限于静坐凝心专注观境的形式。这一主张不论在佛教哲学还是宗教实践方面，都占有重要的地位。佛教关于禅定的说法很多，其中最基本的有"四禅""念佛禅"和"实相禅"。

⑩ 具：具体、详细。

⑪ 生死之罪：指生死轮回之苦。

⑫ 疑：梵文意译。佛教名词。有部不定地法之一、法相宗烦恼法之一。意谓对佛教及其教义犹豫不决。《大乘广五蕴论》载："云何疑？谓于帝宝等，为有为无，犹豫为性，不生善法所依为业。"《大毗婆沙论》卷五十："真疑结者，谓于苦等四谛犹豫。"

⑬ 由旬：古印度计算距离的单位，亦译"俞旬"、"揄旬"、"由延"、"逾阇"、"逾缮那"等。古印度以帝王一日行军之路程为一由旬。《大唐西域记》卷二："夫数量之称，谓逾缮那。归曰由旬，又曰逾阇那，又曰由延。皆讹略也。逾缮那者，自古圣王一日军行也。旧传一逾缮那四十里矣，印度国俗乃三十里，圣教所载惟十六里。"另有一说法将由旬分为上、中、下三种，《注维摩经》卷六"肇曰：由旬，天竺里数名也。上由旬六十里，中由旬五十里，下由旬四十里也。"

⑭ 珊瑚：一种腔肠动物，体为圆筒形单体，或为多种形状的群体，终生水螅。根据触手数分为八放珊瑚和多放珊瑚两大类。口卵圆或裂缝形，咽道侧扁。内腔被体壁伸展的隔膜分为若干小室（又称消化腔），隔膜上部与咽道相接，下部游离，游离缘有弯曲肥厚的膈膜丝，其上有生殖腺，雌雄异体。有些珊瑚外层能分泌石灰质的骨骼，在海洋中堆积成珊瑚礁。这些造礁珊瑚大多生

长在热带及亚热带海洋中，其所分泌的石灰质岩礁，主要生成于大陆、岛屿沿岸和海底山岭顶部水深 40 米以内的浅水区，以太平洋中西部、澳大利亚东北岸、印度洋西部以及大西洋西部从百慕大至巴西一带的海区等最发育。此外，还有由中胶层形成的骨骼，如产于地中海的红珊瑚，其骨质坚硬、颜色鲜美，可用作装饰品。另外，我国台湾还产有桃色珊瑚。经中所言珊瑚，指形状各异、色彩不同、可用于装饰的珊瑚礁。

⑮ 琥珀：由碳、氢、氧组成的有机物。色蜡黄至红褐，一般透明。产于煤层中，是地质时代中植物树脂经过石化的产物。质优的做装饰品，质差的用于制造琥珀酸和黑色假漆。另外，它还有医用效果，其性平、味甘，可化瘀、利尿、镇惊安神，主治小便涩痛、尿血、惊悸失眠等症；外敷还可治疮疡。经中所指为质优的可做装饰的琥珀。

⑯ 释迦毗楞伽摩尼：一种宝物，又译"如意"。

⑰ 阎浮檀金："阎浮"为印度的一条河，附近生长陀树。河中产金，故名。

⑱ 帝释瓶："帝释"指前面已讲过的利天天王天帝释。"瓶"指帝释送与修持供养者的"法瓶"（具有法力的瓶子）。典出《释论》卷十五载：有一穷人常常供养帝释，帝释念其心诚，就问他想要什么报答，这个穷人就说他想要富贵。帝释便给他一只"法瓶"，想要什么，此瓶便出什么。

⑲ 幢幡："幢"音 chuáng，古时作为仪仗用的一种旗帜，形状有圆的、六角的、八角的等，竖起来很高。"幡"，音 fān，指挑起来直着挂的长条形旗子。

⑳ 三千大千世界：佛教名词。简称"大千世界"。据《长阿含经》卷十八等记载，以须弥山为中心，七山八海交绕之，更以铁围山为外郭，同一日月所照的四天下为一"小世界"；一千个"小世界"为一"小千世界"，一千个"小千世界"为一"中千世界"，

一千个"中千世界"为一"大千世界"。因"大千世界"包括有小、中、大三种"千世界",故称"三千大千世界"。唐玄奘《大唐西域记·摩揭陀国上》言"昔贤劫初成,与大地俱起,据三千大千世界之中,下极金轮,上侵地际"。后泛指广阔无边的世界。

在佛教的诸多经典中,都提到我们的世界是以须弥山为中心,其四方有四大部洲,南赡部洲就是我们所居住的世界。但依据地理学和天文学的观点,我们无法找到须弥山,也不知另外的三个洲在哪里。但依据印度古老的神话传说,此山可能源于印度北方高大雄伟的喜玛拉雅山。据说,这一传说在释迦佛以前就流传了。一些信仰佛教的学者则倡议不必过于重视佛教的世界观,而应将注意力放在以解决世间众生的实际生存问题为主旨的佛教教义上。

㉑佛事:佛教名词。含义有三:1.泛指佛对众生教化之事。《维摩经·入不二法门品》:"于娑婆世界,施作佛事"。同注:"什曰,佛事谓化众生"。《维摩经·菩萨品》:"诸佛威仪进止,诸所施为,无非佛事",同注:"肇曰,佛事者以有益为事耳"。认为,"害佛道谓之魔事,反之则谓之佛事。"《维摩诘所说经·香积佛品》载:"当于娑婆世界施作佛事,令此乐小法者,得弘大道,亦使如来名声普闻。"经中所谓"佛事",即为此意。2.佛教仪式,指佛忌、祈祷、追福等的法会。《宋史·文苑传四·穆修》:"母死,自负榇以葬,日诵《孝经》、《丧记》,不饭浮屠为佛事"。《金石萃编·北齐临淮王像碑》:"遂于此所,爰营佛事。"在我国百姓中,佛事一般即指这种超度、追荐亡故眷属、亲友的宗教仪式。通常是邀请专业的僧侣、尼师来为亡者诵经、礼忏,而亡者的家属则大都站在雇主的立场,并不直接参与。佛教认为,为亡者做佛事就如同请亡者在未转生之前临坛听法,为其超度、化解其烦恼、使之心开意解、积习渐消,化恶业的力量为善业的基础,这样,就会超生天界,乃至往生净土。如果亡者生前罪业深重,已堕三恶道(地狱、饿鬼、畜生),那么,因为亲友眷属为其做佛事的功

德力量，也能减少亡者的痛苦，改善三恶道的苦境；如果已生天界，则能增进其在天上所享的福乐；如果已往生净土，则可使其莲品高升。所以佛教主张做佛事必须具备虔诚、恭敬、肃穆、庄严的条件，最好是亡者的家属及亲友亲自持诵、礼拜佛经、忏仪、圣号。必要时，礼请僧尼作为导师，指导、带领佛事，在场者不可嘈杂喧哗。据《地藏经》记载：若要超度亡故之人，其眷属应该恭敬地供养诸佛菩萨，读诵受持诸种佛经。如果依照《盂兰盆经》的记载，亡者之眷属应该布施、供养出家僧众。总之，以亡者亲属的立场，用亡者遗留的财物，尽力布施、供养三宝、救济贫穷、利益社会，乃至等施一切众生，使之离苦得乐，都是促成亡者超生离苦、往生佛国的助缘。3."事"通"士"，佛事即佛士，指佛像、菩萨像等。例如，北魏杨衒之《洛阳伽蓝记·长秋寺》："庄严佛事，悉用金玉，作工之异，难可具陈"。唐代韩愈《陪杜侍御游湘西两寺献杨常侍》诗云"路穷台殿辟，佛事焕且俨"。

㉒ 诸波罗蜜："波罗蜜"梵文音译之略，全译"波罗蜜多"；意译"度彼岸"、"到彼岸"、"度无极"、"度"等。指从生死迷界的此岸到达涅槃解脱的彼岸。"波罗"意"彼岸"，"蜜"意"到"。后秦鸠摩罗什译《大智度论》卷十二："'波罗'（秦言'彼岸'），'蜜'（秦言'到'）……，成办佛道，名到彼岸；复次于事成办，亦名到彼岸（罗什注：天竺俗法，凡造事成办，皆言到彼岸）……，以生死为此岸，涅槃为彼岸"。《大乘义章》卷十二"波罗蜜者，是外国语，此翻为度，亦名到彼岸。……波罗者岸、蜜者是到"。普光《俱舍论记》卷十八："波罗此云彼岸，蜜多此云到，菩萨能到自乘所往圆满功德彼岸处故。"大乘佛教以六项修持内容为到达涅槃彼岸的方法或途径，称为"六波罗蜜"或"六度"，这就是"诸波罗蜜"所指。

"六度"为大乘公认的修习体系，是菩萨行的根本内容。所谓的菩萨行是指寓自我解脱于救苦救难、普度众生中的践行，发誓从事菩萨行者，即为菩萨，据《佛地经论》载，他们"具足自利利他大愿，求大菩提，利有情"，其基本精神表现在所谓的"慈悲喜护"（亦作"慈悲喜舍"）的"四等心"（又称"四无量心"）中。"大慈"以仁爱万物出发，"大悲"从怜悯众生出发，据此护卫众生使他们得到安宁，救度他们使之脱离苦海、远离危难，从而得到欢乐幸福。这就是菩萨。《度世品经》等载，一一世界中，只要有一人尚未度脱生死，即要为他们勤奋修持，这就是菩萨行。据说，释迦牟尼成佛以前，是菩萨中的典范，他做菩萨经历过三界五道无数劫，其全部业行，就是理想的菩萨行。早期出现的所谓《本生》、《本业》、《本起》等经典，讲述的就是这类菩萨行的故事。

"六度"具体指布施、持戒、忍辱、精进、禅定和智慧。是佛教所谓由此岸世界过渡到彼岸世界的六类途径。其中，"布施"是实施慈悲精神的主要方面。原指佛徒对于贫穷困厄的众生的无私救济，转而成为佛徒用个人私有财产向僧侣的无条件的施舍；后来走向极端，变成了对一些无理的要求也要满足的信条，使含义本来善良的布施走上畸形。再后来，布施被进一步解释成众生可以通过对佛、法、僧"三宝"的供养获得福报，布施也就成了寺院和僧侣聚敛财产的主要手段。"忍辱"和"精进"是坚定的信仰者和弘道者必须具备的两种品格。特别是在其信仰受到歧视或排斥，传教遇到阻力和打击时，往往需要忍受常人所难以接受的痛苦和折磨，这两种品格起着坚定信仰、百折不挠、勇往直前的作用。实际上，这两种品格是所有有志之士成就理想所必需的心理要素。可惜的是，在佛教后来的许多解释中，忍辱的重点变成了对信徒无原则地忍受痛苦和屈辱的提倡，信仰的坚定性反而被忽略了。另外三度"戒、定、慧""三学"，是大乘对早期佛教的继承和发挥。

㉓ 佛相：指佛的容貌、形象。"相"即"容貌"、"貌相"、

"状貌"。佛教称一切事物之本质为"性",其外现的形象状态为"相",如火的焰相、水的流相等等。佛教认为,由于佛之福德和无上智慧,所显佛相奇异、伟岸,具有种种好处。

㉔八功德水:"功德",意即功能、性质,"八功德水"即有八种功能、性质的水,它们是:1.澄净:澄清、洁净,无冲激、无污秽。2.清冷:清净凉冷,无混浊烦躁。3.甘美:水味为甜。4.轻软:水的性质轻浮柔软,不仅可下行,而且能上流。5.润泽:滋润滑泽,益人身心。6.安和:安宁和平,无大、急的波浪。7.除患:饮此水不仅止渴,且去饿。8.增益:饮用此水或用此水沐浴,可增加人的善根,使人身体安乐,心思清静。据佛教宣称,此水不仅有以上八种"功德",而且永远不会干枯。

㉕天伎乐:佛教音乐神名。又称"天乐般遮伎"、"帝释般(bō)遮伎"、"音乐天"。据说是天上专门从事音乐歌舞的乐伎神,叫紧那罗天和乾闼婆天,它们属帝释天管辖,各为"八部众"之一。《佛说太子瑞应本起经》卷下:"今我当为天人请命,求哀于佛,令止说经,即语帝释,将天乐般遮伎下到石室,佛方定意觉,般遮弹琴而歌"。"般遮"汉译为"五","般遮伎"即以五音作乐。《大方等大集经》卷四十七:"第一最胜五音伎乐歌舞调戏。"经中"天伎乐"指乐伎神所奏的神乐。

㉖终:即终结、完结、结束。这里指称"死"。佛教一般把"死"分为命尽死、外缘死两种。命尽死意即全其天命而死,《大涅槃经》将其分为三种:"一者命尽非是福尽,二者福尽非是命尽。三者福命俱尽"。外缘死意即自杀或他杀等横死,《大涅槃经》亦将其分为三类:"一者非分自害死,二者横为他死,三者俱死"。此外,佛教还将横死归纳为9种:1.得病无医。2.王法诛戮。3.非人夺精气。4.为火所焚。5.为水中沉溺。6.恶兽啖。7.堕崖。8.毒药咒诅。9.饥渴所困。

"死"是佛教对一般佛教徒及普通人生命结束的称谓,佛生命的终结则尊称为"涅槃"。"涅槃",又称"般涅槃",梵文音译,亦译"泥曰"、"泥洹"、"般泥洹"等,意译"灭"、"灭度"、"寂灭"、"无为"、"圆寂"等。是佛教全部修习所要达到的最高理想,一般指"熄灭"生死轮回而获得的一种精神境界。佛教认为,人们处于"生死",原因在有烦恼和各种思想行为("业"),特别是世俗欲望和分别是非之观念。"涅槃"即是对"生死"诸苦及其根源"烦恼"的最彻底的断灭。《大乘起信论》载:大千"以无明灭故,心无有起;以无起故,境界随灭;以因缘俱灭故,心相皆尽,名得涅槃"。

大小乘对"涅槃"具体释义有所不同:据《肇论·涅槃无名论》介绍,小乘以"灰身灭智、捐形绝虑"为"涅槃",即彻底死亡之代称。大乘反对这种说法。《中论》等以实相为"涅槃":"诸法实相即是涅槃"。而实相又即是因缘所生法上之"空性",故与"生死"世间无有区别。大乘佛教认为"五阴(亦即"五蕴")相续,往来因缘故,说名世间。五阴毕竟空、无受、寂灭……世间与涅槃无有区别,涅槃与世间亦无分别"。因此,他们不主张脱离世间去追求超世间的"涅槃",体现了他们强烈的入世精神。但无论如何,大乘毕竟视"涅槃"为成佛的标志,一旦证得,就是万能的神。《大涅槃经》把"涅槃"说成是具"常、乐、我、净"四德的永生常乐之佛身。在佛教典籍中,"涅槃",通常也作为死亡的代称。

"涅槃"的分类很多,一般分有余涅槃和无余涅槃两种。佛教认为生死原因之烦恼已经断绝,但作为前世惑业造成的果报身还留在世间的"涅槃"为"有余涅槃";相反,"生死"之因果都尽,不再受生于世间三界者,称为"无余涅槃"。《大智度论》卷三十一载:"爱等诸烦恼断,是名有余涅槃;圣人今世所受'五众'(即五蕴)尽,更不复受,是名无余涅槃"。

【白话】

佛告诉韦提希夫人:"你和一切众生,都应该专心致志,把思想集中起来,一心只观想思念西方净土,一刻也不放松。怎么去'观想'?'观想'什么呢?凡能够思想的一切众生,绝不会都是一生下来眼睛就看不见了,既然这样,那么,有一对明目的众生都会见到太阳落山这一自然景象。见到这一景象时,就应该生起'想'的念头。面向西方正襟危坐,仔细地观想于太阳将要沉落的地方,一定要让心思集中专一、不散乱、不游移。看到那太阳将落,样子好像悬挂在半空中的鼓。观看了日落这一景象之后,不管是睁着眼睛,还是闭着双目,这一景象都应历历在目、明了清晰。这就是'落日想',我们把它称之为'初观'(第一观)。依照我的教授而修行此观想的,是正确的观想法;若按其他方法观想,就是不正确的邪观。"

佛又告诉阿难和韦提希:"第一观想完成以后,接下来便应当作'水想',想着见到西方净土所有的水都澄清明洁,如同'初观'的'落日想'一样,不管睁眼或闭目,此水都一样明洁澄清,入定的意念始终不分散,能做到这一点后,就开始做'冰想',想着看见了晶莹剔透的冰。达到了这一程度后,就应当修炼'琉璃想','琉璃想'观想成就后,就可以看到琉璃大地到处内外映彻。地下有金刚七宝做成的金幢作为支撑,这金幢有八方八棱,每一方每一面都由上百种宝贝构成;每一颗宝珠,都放射出千种光明;每一种光明都有八万四千种色彩。这些金幢上的宝珠所发的光明,如同亿千颗太阳,映照在琉璃地上,光芒耀眼、四射万丈,使你无法全部领纳其中的美妙。琉璃地上的道路,交错装点和黄金做成的绳,然后,用七种宝物来镶嵌分界,因此,整齐分明。每一种宝物中,都放射出五百种色彩不同的光,这些光好似百花争艳,又如繁星皓月,悬挂在虚空中，形成一座流光溢彩、通体透明的楼台。楼台上有楼阁千间万间，都由百种宝贝构成。在楼台的两边，各有百亿个花幢和数不胜数的乐器作为装饰。八种清风从光明楼台中吹拂而出，演奏那无数的乐器，这些仙乐神音都在宣说苦、空、诸行无常、诸法无我等佛法。这就是'水想'，我们也称之为'第二观'。"

"'水想'修行观想成就时，一一地去观想上述景象，都能清晰明白。不管是闭着眼睛还是睁着眼睛，都能以定聚之力不让它们飘散、流失，除了吃饭以外，其他时间都要将意念集中于此。做这样的观想是正确的，如果不按这样观想，就是不正确的邪观。"

佛接着对阿难和韦提希说："'水想'修行成就，即称为粗见极乐园地。如果在'入定'的状态中使西方极乐世界的国土历历在目、清晰明了，但却无法详细地描述，这种状态就称为'地想'，在观想法门中为'第三观'。"

这时，释迦牟尼特别提示阿难："你要受持熟记我所说的法音，为未来世一切众生，为一切想脱离苦海的人们，说这种'观地法门'。如果能成就观地法门者，即可免除八十亿劫生死轮回之苦，离开人世时，肯定能往生到佛国净土，得到深信佛法，无碍自在的大智慧。依照我的教授而修行此观想的，是正确的观想法，若按其他方法观想，就是不正确的邪观。"

佛告诉阿难和韦提希："'地想'修行成就后，接下来应该修习观想宝树。所谓的观想宝树，就是一一地观想西方极乐世界中的七重行树。这些树，每棵都有八千由旬高，它们的树叶和花蕾都由七种宝贝合成，片片具足、朵朵圆满。每一片叶、每一朵花，都呈现出异宝之色：琉璃色中显出金色的光芒，玻璃色中显出红色的光芒，玛瑙色中显出砗磲光，砗磲色中显出绿真珠光。其他珊瑚琥珀以及一切宝物之光色，交相辉映，美妙无比。

"在这些五光十色的宝树之上，弥漫覆罩着奇妙的用真珠做成的宝网。每一棵树上罩着七重这样的宝网，而每一个宝网之间，又有五佰亿个奇妙华丽的宫殿，如同大梵天王的天宫。各重天的童子，逍遥自在地居住在里面，每一个童子，都有五佰亿释迦毗楞伽如意摩尼宝来作璎珞宝冠、璎珞宝冠上的光芒照耀远达百由旬，犹如百亿颗太阳和月亮的光芒混合在一起。根本就无法说出这种光芒叫什么名字，如何称呼，只知道各种宝光交相错杂、辉映四方，是各种色彩中最美妙的。

"这些宝树行距间隔排列整齐，叶片间距也井然有序。在无数的树叶间，生长着许许多多美妙的花，花上自然而然结有七宝果实。每片树叶的大小、长短恰好为二十五由旬，而且上有色泽千种、图画百幅，如同天的冠冕璎珞一样奇妙；叶片间许许多多美妙的花，呈现为阎浮檀金色，好似旋转的火轮，环绕在树叶之间；涌生出的各种七宝果实，恰如帝释天的宝瓶，有大光明化成幢幡的无数宝盖，在这些宝盖中，映现出三千大千世界的一切佛事。十方世界的佛国净土也全都在宝盖中显现。看到这样的宝树之后，还应当一一地观想树的茎、叶、花、果，使它们都明了清晰。此便是'树想'，即'第四观'。依照我教授的方法而修行此观想的，就是正确的观想法；若按其他方法观想，则为不正确的邪观。"

佛接着对阿难和韦提希说："'树想'修行成就后，接下来就应当观想水。此水不是一般的水，而是极乐净土中的八池水，又叫八功德水。每一池水都由七种宝贝合成，其质地柔软，从如意珠王中生成，分为十四支流。每一支流都呈现出七宝颜色，水流以黄金来做渠道，渠道下用五彩金刚沙铺底。每一支流的水中，都有六十亿朵七宝莲花，而每朵莲花不大不小正好十二由旬。有魔尼宝水流注花间，也浇灌于宝树上下。流水之声细微神妙，均在演说苦、空、诸行无常、诸法无我、六度万行等佛法，继而又赞叹诸佛的瑞祥容颜、伟岸身相。流注花间树下的宝水如同如意珠王，闪耀着金色的微妙之光。这种光化成百宝斑斓的鸟，鸟儿一齐优雅的鸣叫，其声是在赞叹念佛、念法、念僧。这便是'八功德水想'，在观想法门中，排名'第五观'。"

佛告诉阿难和韦提希："西方极乐世界是由各种宝物合成的国土，在这一国土的每一地界上，都有五百亿幢宝楼。在楼阁中，又有无数的天界诸神演奏天伎乐。此外，还有悬挂在虚空中的乐器，如同天宝幢，无人弹奏就会自然而然地发出天界妙音。种种妙音都在演说'念佛、念法、念僧'。这一观想法门修行成就后，就称作粗见极乐世界宝树、宝地、宝池，这便是'总观想'，为观想法门中的'第六观'。如果修行达到此观想，那么可以免除无量亿劫中的极其严重的恶业，死后必将得以往生西方极乐世界。依照我教授的方法修行的，就是正确的观想法；若按其他方法观想，则为不正确的邪观。"

【说明】

一、此节经文为正宗分的第一部分，介绍了"十六观"的"前六观"。观想的都是西方极乐世界的自然景致——落日、水、地、宝树、八功德水，最后，是对极乐净土自然环境的"总观想"。

二、善导《观无量寿佛经疏》以此部分为观佛依报。佛教认为，世间诸事逃不出"因"、"果"二字，凡事都是造业所得的报应。行善者得善报，做恶者得恶报。佛教又将报应分为二部分：一为正报，指报应的承受者，即人本身。正报有主有伴，主即主人，西方极乐世界为阿弥陀佛多年修行所得的果报，阿弥陀佛就是果报之正报主人；伴即伴侣，生到西方极乐世界去的人为正报的伴。二为依报，指报应给承受者的吃、穿、住、行等外在的生活环境。得善报者就有好的生活方式、生活环境；得恶报者反之。这一部分就是对阿弥陀佛修行所得依报的观想。

三、因果报应是佛教的重要理论，这一理论的落脚点，就是关于人的"三世因果"说。所谓三世，是指时间上的过去、现在、未来。佛教认为这个时间可长可短、可近可远，长的以无量数的阿僧祇劫计算，即过去阿僧祇劫、现在阿僧祇劫、未来阿僧祇劫，例如：众生发心成佛，要经过三大阿僧祇劫；其次以大劫计算，即过去劫、现在劫、未来劫；再次以生命的生死计算，即过去世、现在世、未来世；最少的是以秒乃至比瞬间还要短的刹那计算，即前刹那、现刹那、未来刹那。其中以生命的生死计算的三世即过去世、现在世、未来世最为常用，也广为大家所接受。那么，如何知晓自己的三世因果呢？许多人认为凭借宿命通可知道过去，凭借天眼通可知未来。但具备这种神力的人毕竟太少，就是有，这种方法也是极其有限的，它只能使人知道近期的情形，而无法知晓无穷无尽的过去和未来。为了解决这一问题，佛教推出自己的四句诀："欲知过去事，今生受者是；欲知未来事，今生做者是。"即现在的今生就是未来的过去；现在的未来，就是未来的现在；现在的过去，就是过去的现在。认为，只要众生清楚地了解、掌握现在这一刻，那就已经包括了三世因果，无须追问、探知过去和未来，因为这只能徒增众生自己的困扰、浪费时间。认为，现在有好运，说明过去一定曾有好的业因；现在有恶运，说明过去一定曾造有恶业。未来的好运，肯定是过去的善业加上现在的努力；未来的恶运、也肯定是过去的恶业加上现在的懈怠和造恶。认为命运始终掌握在自己的手里，只要笃信佛祖、努力修善，恶运可以改变，好运终究会来；如若为富不仁，作恶多端，好运也会渐渐消失。由此出发，佛教教导人们多行善业，以得善报。

佛教的这种"善有善报、恶有恶报"的因果报应理论，在客观上的确具有约束人们的行为、使人们弃恶从善的作用。但由于人们行善之目的、弃恶之动机是为了自己将来有个好的报应，所以，从根本上讲，这种理论无助于培养人们的自觉的道德义务感和真正的道德意识，会导致一种"宗教利己主义"。

【经文】

佛告阿难及韦提希："谛听！谛听！善思念之。吾当为汝，分别解说除苦恼法。汝等忆持，广为大众分别解说。"

说是语时，无量寿佛住立空中，观世音、大势至①，是二大士②，侍立左右，光明炽盛，不可具见。百千阎浮檀金色，不得为比。时韦提希见无量寿佛已，接足作礼。白佛言："世尊，我今因佛力故，得见无量寿佛及二菩萨，未来众生，当云何观无量寿佛及二菩萨？"

【注释】

① 大势至：佛教菩萨名、梵文"摩诃那钵"的意译，又译"得大势"，简称"势至"、"大势"。据说，他具有超强威势，凡所到之处。莫不为之震动；有幸与他相遇的众生，皆能消除火、血、刀之灾；他所具有的智慧之光可普照一切。故名"大势至"。他为阿弥陀佛的右胁侍，与阿弥陀佛及其左胁侍观世音菩萨合称"西方三圣"。其形像为女身，顶上肉髻，如钵头摩华，于肉髻上有一宝

瓶，盛诸光明；右手持青莲，左手作大悲施无畏印状，并扶青莲。又传说他能给地狱痛苦者以力量，使之离开苦境，是智慧的化身，常与慈悲的化身观音并为民间崇拜。

②大士：梵语"摩诃萨"之意译，指称"伟大的人"，为菩萨之通称。《四教仪集解》卷上载："大士者，大非小也；士，事也。运心广大能建佛事故云大士。"《释门正统》卷四："宋徽宗宣和元年诏改释氏为金仙，菩萨为大士，僧为德士。"

【白话】

佛告阿难和韦提希："你们仔细地听着！仔仔细细听着！好好用心思考。我将为你们分别解释说明除去苦恼的方法，你们要好好地受持、熟记，以便向大众广为传播宣说。"

佛说这些话的时候，无量寿佛伫立在空中，观世音、大势至二位大菩萨侍立左右。无量寿佛身放光明，此光强烈炽盛，已无法详细观察，成百上千的阎浮檀金色也难与之相比。这时，韦提希夫人看见了无量寿佛，赶忙以头面接其足而恭敬行礼。然后，对释迦牟尼佛说："世尊，我现在因有您的佛力加持的缘故，可以见到无量寿佛以及二位大菩萨。那么，未来的众生将怎样才能见到无量寿佛和两位大菩萨呢？"

【说明】

此节经文为正宗分第二部分之首段，是第二部分的引言，以韦提希夫人向佛的提问引出下文。

正宗分第二部分，主要讲述对佛座莲花及无量寿佛、左右胁侍的观想，介绍了"西方三圣"的各种功德与妙相，是善导《观无量寿佛经疏》所言的观佛正报部分。本书拟将此部分分为五段注译：首段为引文；第二段为第七观，是对佛座莲花座的观想；第三段为第八观和第九观，是对佛的观想；第四段为第十观和第十一观，是对二位大菩萨观世音和大势至的观想；第五段为第十二观和第十三观，是对以上五观的总观想。

【经文】

佛告韦提希："欲观彼佛者，当起想念，于七宝地上作莲花想。令其莲花，一一叶上作百宝色，有八万四千脉①，犹如天画。一一脉有八万四千光，了了分明，皆令得见。花叶小者纵广二百五十由旬。如是莲花，具有八万四千大叶；一一叶间，有百亿摩尼珠王，以为映饰。一一摩尼珠，放千光明，其光如盖②，七宝合成，遍覆地上。释迦毗楞伽摩尼宝，以为其台。此莲花台，八万金刚甄叔迦宝、梵摩尼宝、妙真珠网③以为校饰。于其台上，自然而有四柱宝幢。一一宝幢，如百千万亿须弥山；幢上宝幔④如夜摩天⑤宫，复有五百亿微妙宝珠，以为映饰。一一宝珠，有八万四千光；一一光作八万四千异种金色；一一金色遍其宝土，处处变化，各作异相。或为金刚台，或作真珠网，或作杂花云；于十方面，随意变现，施作佛事。是为'花座想'，名'第七观'。"

佛告阿难："如此妙花，是本⑥法藏比丘⑦愿力所成。若欲念彼佛者，当先作此妙花座想。作此想时，不得杂观。皆应一一观之，一一叶、一一珠、一一光、一一台、一一幢，皆令分明，如于镜中，自见面像。此想成者，灭除五百亿劫生死之罪，必定当生极乐世界。作是观者，名为正观，若他观者，名为邪观。"

【注释】

①脉：本意为"血管"、"脉搏"。引喻为"像血管一样连贯而自成系统的东西"。如山脉、一脉相传、一脉相通等。经文中的"脉"意谓叶脉。

②盖：在佛教中，"盖"有以下几种含义：1. 佛教用具：亦称"天盖"、"宝盖"，是佛或菩萨像中的装饰品，筒形圆盖，一般用丝绸或缎子做成，既能防尘，又可增加一种威严气氛。《增一阿含经》卷二十二："毗沙门天王手执七宝之盖，处虚空中，在如来上，恐有尘土坋如来身。" 2. 笠盖：僧人用来遮雨的雨具，有竹制和叶制的两种。3. "烦恼"的异名，意谓覆盖世人善心，使人流转生死而得不到解脱。《法界次第初门》卷上："盖以覆盖为义，能覆盖行者，清净信心，不得开发。"

③甄叔迦宝、梵摩尼宝、妙真珠网：梵语，装饰用的宝物名称。

④幔：指帐幕。

⑤夜摩天：全称"苏夜摩"，意译"焰分"、"时分"、"善分"等。佛教用语。六欲天之一，据说在三十三天之上十六万由旬。此天不分昼夜。永远光明灿烂，在此天中随时随地都可感受到快乐。《佛地经论》卷五载："夜摩天者，谓此天中随时受乐。"

⑥本：根据、根本、本来。

⑦法藏比丘："法藏"，佛教用语。通常有两种含义：1. 指佛法性含藏有无量功德。《无量寿经》卷上："深入菩萨法藏，得佛华严三昧。""行权方便，入佛法藏，究竟彼岸"。"为众开法藏，广施功德宝。"嘉祥《无量寿经义疏》："名理为藏，解契宗源，故云入

佛法藏"。慧远《无量寿经义疏》："如来藏性，是如来甚深法藏，障既除，明现已心，故曰受持"。2.指佛法含藏有无量妙义：《法华经·宝塔品》："假使有受持，八万诸法藏，班宣如所说，以示亿千人。"唐王维《苑舍人能书梵字兼达梵音皆曲尽其妙戏为之赠》诗"莲花法藏心悬悟，贝叶经文手自书"。

另外，我国唐代著名僧人，佛教华严宗的创始人，也名为法藏。据《宋高僧传》卷五、《佛祖统纪》卷二十九、卷三十九、卷四十、《法藏和尚传》载，原籍西域康居（前苏联乌兹别克共和国撒马尔罕一带），故姓康，亦称"康藏法师"。其祖累代相承为康居国丞相，祖父时迁至长安定居，父亲被赠为左侍中。法藏17岁在云华寺师从华严大师智俨学习《华严经》，前后9载。曾参加玄奘译场，后因笔受、证义、润文等方面见识不同而出译场。法藏由于武则天舍住宅为太原寺度僧而出家受沙弥戒。在为沙弥时，又深受武后赏识，把《华严经》中菩萨的名号贤首赠予法藏，故又称"贤首大师"、"贤首国师"，华严宗由此又名贤首宗。后为唐中宗、睿宗授菩萨戒，被中宗礼为菩萨戒师，赐号国一，获三品奖赏，分别在长安、洛阳、吴、越、清凉山建五座华严大寺，收藏佛典，建立道场，扩大影响。由此创立华严宗。他广事讲说，先后讲《华严经》30余遍。据传，圣历二年（699）十月，武则天诏于佛授记寺讲新译《华严经》，讲至"华藏世界品"时，"地皆震动"，武则天特下敕褒奖。当天被传到长生殿讲经，指殿前金狮子为喻，武则天"豁然领解"，此即后来所录的《金狮子章》。法藏一生著述宏富，据传约百余卷。现存有《华严经探玄记》、《华严经指归》、《华严一乘教义分齐章》、《华严金狮子章》、《华严文义纲目》、《密严经疏》、《般若心经略疏》、《大乘起信论义记》等等。他继承和发挥智俨的法界缘起思想，认为一切事物都由"法界"生起，法性本体生起现象。认为世界上一切现象就其关系来说是"无尽圆融"的，是无区分的统一体。一即一切，一切即一，相即相入，重重无尽。世俗世界生于法性，与佛的境界相顺，由此众生与诸佛交彻，世俗世界和佛国世界圆融无碍。法藏的门人甚多，知名者有宏观、文超、智光、宗一、慧苑、慧英等人。他所开创的华严宗，由弟子新罗国审详传入日本。

法藏比丘：阿弥陀佛在成佛之前曾为比丘，是为法藏比丘。据《无量寿经》讲，过去很久很久以前，有一位国王，因听闻佛法而发愿修行，后便抛弃了王位，出家为沙门，法名法藏。法藏比丘曾发48个大愿心，并表示，只要有一条不实现，他宁肯不成佛。后来由于他用心修持，功德圆满，果真成了佛——阿弥陀佛，他所发的48个大愿心也都一一成为现实，建立了一个无有众苦，但具诸乐的美妙净土——西方极乐世界。无论何人，凡是听闻、持念他的名号并起信、发愿往生到他的西方净土去，他都会全部把他们接引到这极乐世界去享受无上快乐。

【白话】

佛陀告诉韦提希："想见到阿弥陀佛者，应当生发观想的意念，观想七宝地上的莲花。这些莲花的每一片莲叶上都放出百种宝珠的光芒；每一叶上有八万四千条脉络，犹如天然的图画；每一条脉线上放八万四千种光，了了分明，都能看得一清二楚。小的花叶有二百五十由旬大。一朵莲花有八万四千片莲叶，每一片莲叶间装饰着百亿颗摩尼珠，每一颗摩尼珠玉，都能放射出千种光明，其光如同一个硕大无比的用七种宝贝合成的天盖，罩照着整个地面。

"莲花台是释迦毗楞如意宝做成的，上面还装饰有八万金刚甄叔迦宝、梵摩尼宝、妙真珠网等宝物。在这莲花台之上，自然而有像四根柱子一样的宝幢，每一宝幢都好像百千万亿座须弥山一样高大庄严；宝幢上的宝慢如夜摩天宫一样光明灿烂，因为它上面装饰有互为映衬的五百亿微细精妙的宝珠；每一宝珠上都放射出八万四千种光,每一光又有八万四千种不同的金色;每一金色照遍极乐净土的每一角落,随处变幻不定,现出种种异相。有的变为金刚台,有的变为真珠网,有的变为五彩云……这些金色,在极乐净土的四面八方、各个方位随时随意变化显现,所显现的都用作佛事。这就叫做'花座想',为观想法门中的'第七观'。"

释迦牟尼佛告诉阿难:"如此这般美妙绝伦、神奇无比的莲花,本是由于阿弥陀佛在做法藏比丘时所发愿心之力成就的。所以,如果想观见阿弥陀佛,就应当先修行此'花座想'。修行'花座想'时,不得心存杂念,意念必须集中,所有的一切都应详细观想:每一片莲叶、每一颗宝珠、每束光芒、每一座花台、每一柱金幢都应清楚明了,不能遗漏万一,如同在镜子中观察自己一样。如果修行成功这一观想法门,就可以灭除五百亿劫生死轮回之苦,必得以在将来之世往生极乐世界。依照我的教授而修行此观想的,就是正确的观想法,若按其他方法观想,就是不正确的邪观。"

【经文】

佛告阿难及韦提希:"见此事已,次当想佛。所以者何?诸佛如来是法界身①,遍入一切众生心想中。是故,汝等心想佛时,是心即是三十二相②、八十随形好③。是心作佛,是心是佛,诸佛正遍知④海从心想生。是故,应当一心系念,谛观彼佛、多陀阿伽度⑤、阿罗诃⑥、三藐三⑦佛陀。想彼佛者,先当想像,闭目开目,见一宝像,如阎浮檀金色坐彼华上。见像坐已,心眼得开,了了分明。见极乐国七宝庄严,宝地宝池,宝树行列。诸天宝幔,弥覆其上,众宝罗网,满虚空中。见如此事，极令明了，如观掌中。

"见此事已，复当更作一大莲华在佛左边，如前莲华等无有异。复作一大莲华，在佛右边，想一观世音菩萨像，坐左华座，亦放金色，如前无异。想一大势至菩萨像，坐右华座。此想成时，佛菩萨像皆放光明。其光金色，照诸宝树，一一树下，亦有三莲花。诸莲华上各有一佛二菩萨像，遍满彼国。此想成时，行者当闻水流光明及诸宝树，凫⑧雁鸳鸯皆说妙法；出定入定，恒闻妙法⑨。行者所闻，出定之时，意持不舍，令与修多罗合。若不合者，名为妄想；若与合者，名为'粗想见极乐世界'。是为'像想'，名'第八观'。作是观者，除无量亿劫生死之罪，于现身⑩中得念佛三昧⑪。作是观者，名为正观，若他观者，名为邪观。"

佛告阿难及韦提希："此想成已，次当更观无量寿佛身相光明。阿难当知，无量寿佛身如百千万亿夜摩天阎浮檀金色。佛身高六十万亿那由他⑫恒河沙⑬由旬。眉间白毫，右旋宛转，如五须弥山。佛眼清净，如四大海水，青白分明；身诸毛孔演出光明，如须弥山；彼佛圆光，如百亿三千大千世界；于圆光中，有百万亿那由他恒河沙化佛⑭，一一化佛，亦有众多无数化菩萨⑮以为侍者。无量寿佛有八万四千相。一一相中，各有八万四千随形好；一一好中，复有八万四千光明；一一光明，遍照十方世界念佛⑯众生，摄取不舍。其光相好及与化佛不可具说。但当忆想，令心眼见；见此事者，即见十方一切诸佛。以见诸佛故，名'念佛三昧'。"

"作是观者，名'观一切佛身'。以观佛身故，亦见佛心。诸佛心者，大慈悲是。以无缘慈⑰，摄诸众生。作是观者，舍身他世，生诸佛前，得无生忍。是故智者应当系心，谛观无量寿佛。观无量寿佛者，从一相好入。但观眉间白毫，极令明了。见眉间白毫相者，八万四千相好自然当现。见无量寿佛者，即见十方无量诸佛。得见无量诸佛故，诸佛现前授记⑱。是为'遍观一切色身相'，名'第九观'。作是观者，名为正观，若他观者，名为邪观。"

【注释】

① 法界身："法界"为梵文"达摩驮多"的意译。佛教名词。"法"泛指宇宙万有一切事物，包括出世间法；"界"含有种族、分齐等意。"法界"一般指意识所缘的境。用法很多，主要有三：1.十八界中之"法界"，特指意识所缘虑的对象。《俱舍论》卷一："受、想、行蕴、无表、无为总名法处，亦名法界"。这些不只是感官直接感觉的对象，而且是思维理解的对象。2.泛指各种事物。界指分界，即事物的类别。《俱舍论》卷一："法种族义是界义。如一山中有多铜铁金银等族，说名多界。如是一身或一相续有十八类诸法种族名十八界。……有说，界声表种类义，谓十八法种类自性各别不同名十八界。"据此，法界的本义是指物种。《俱舍论》卷八载："能持自性，故名为界，或种族义。"一切事物种类自性各不相同，一一称为法界，如三界、十八界等。3.指现象的本源和本质，尤其指成佛的原因，与真如、空性、实际、无相、实相等概念的性质相同。《辩中边论》卷上："此中说所知空性，由无变义说为真如，真性常如，无转易故；由无倒义说为实际，非诸颠倒，依缘事故；由相灭义说为无相，此中永绝一切相故；由圣智境义说为胜义性，是最胜智所行义故；由圣法因说为法界，一切圣法缘此生故。此中界者，即是因义"。《成唯识论》卷二等，特指能

派生万有的精神性实体种子"一切有情无始时来有种种界,如恶义聚,法尔而有。界即种子差别名故。"不同的经论和宗派,对法界的开合分类有所不同,有一法界、三法界、四法界、五法界、十法界等说法。如《杂阿含经》《大般若经》《华严经》《大乘起信论》等讲一法界,华严宗讲三法界、四法界、五法界、十法界,天台宗、密宗讲十法界。

"法界身"之"法界"含义为第3,故"法界身"指佛之"法身"。佛教认为,佛有法身、报身、应身三种身。所谓法身,又称"佛身",是指以佛法成身或身具一切佛法。清净自如为佛的自性,故又名"自性身"。《成唯识论》卷十"即此自性亦名法身,大功德法所依止故。"《义林章》卷七载"成唯识说,清净法身为自性;庄严论等说,自性身本性常故;赞佛论说,佛自性身无生无灭故。"

《大乘义章》卷十八载"法身"有二义:"一、显法本性以成其身。……二、以一切诸功德法而成身"。这是因为体现诸法之本性才能成佛,故以"法性"为法身;还因为修得佛教一切功德和教法才能成佛,故以"功德法"为法身。但由于各派对"法性"、"功德"的解释各不相同,所以,对"法身"之具体规定亦有差别。小乘以戒、定、慧等功德说为法身。大乘空宗以"第一义空"为法身,《维摩诘经·方便品》僧肇注:"法身者,虚空身也,无生而无不生,无形而无不形"。有宗和空宗还把"唯识真如"和"如来藏自性清净心"当作法身,《成唯识论》卷十:"自性身,谓诸如来真净法界……是一切法平等实性。"吉藏《胜鬘经宝窟》卷下:"法身者,即是实相真如也。"这一意义上的法身,从根本上讲,是把佛法之本质或法性人格化的结果。此外,无著《金刚般若论》将表现于佛典者称为"言说法身";由修行证得者,称为"证得佛身"。

② 三十二相:梵文意译,亦称"三十二大人相"、"三十二大士相"、"三十二大丈夫相"、"四八相"等,佛教用语。佛教宣称,佛陀生来不同凡俗,有奇异容颜,其显著特征有三十二个,

据《大智度论》卷四载，这三十二相为：1.足下安平立相。2.足下二轮相，又称"千辐轮相"，宣称佛脚心有轮宝（神奇的战车轮）的肉纹。3.长指相。4.足跟广平相。5.手足指缦网相，手足指间如蹼状。6.手足柔软相。7.足趺高满相。8.伊泥延膊相，又称"腨如鹿王相"，即股骨如鹿那样纤好。9.正立手摩膝相。10.阴藏相（阴部如马）。11.身广长等相。12.毛上向相。13.一孔一毛生相。14.金色相。15.丈光相，身光照四面各一丈远。16.细薄皮相。17.七处隆满相。"七处"指两足、两掌、两肩、脖颈。18.两腋下隆满相。19.身体平正威仪严肃如狮子王相。20.大直身相。21.肩圆满而丰腴相。22.四十齿相。23.齿齐相。24.牙白净相。25.狮子颊相。26.味中得上味相。27.广长舌相。28.梵声相，意即佛之声音清净深远。29.真青眼相。30.眼睫如牛王相。31.顶成肉髻相。此相为现代人辨识佛像的重要标志。32.眉间白毫相。据说，佛之眉间有白毛，平时卷缩，伸开达一丈五。从这里放出的光叫毫光、眉间光，是佛在说法前后经常向外放射光辉的地方。

③八十随形好：梵文意译，亦称"八十种好"、"八十随好"、"八十微妙种好"、"八十种小相"等，佛教用语。"相"、"好"都用来形容说明容貌，前者指显著特征，后者指细微隐密的特征，合称"相好"。佛教宣称，佛陀生来容貌超越凡俗，除上面所说的显著之点"三十二相"外，还有八十种微细隐密难见之处。认为佛的形体，从头到足，每一部位，无不异于常人。据《大般若经》卷三百八十一、《大乘义章》卷二十等载，"八十种好"主要讲佛陀的面、鼻、口、眼、耳、手、足等部位长相奇特。如第一好，指甲狭长薄润，光洁明净，如花色赤铜；第三好，手足指头圆而细长柔软，不见骨节；第二十八好，唇色红润光泽，上下相称；第三十一好，声音宏伟，如象王吼声明朗清彻；第三十三好，鼻梁修长，不见鼻孔；第三十六好，眼睛青白分明；第四十二好，耳轮阔大，成轮形；第四十七好，头发修长，稠密绀青；第五十七

好，面形长宽匀称，皎洁如秋月；第七十一好，声音不高不低，应众生心意，和悦与言；第七十三好，以一音说法，有情之类各得其解；第八十好，手足及胸，皆有吉祥喜旋之相（即卍字）等。在佛教的大乘译籍中，佛的每一"相好"，都能产生出无限光明，普照天下；发出无量声音，遍满世界，并给五道众生带来普遍利益。即使每一毛孔，都具有无限的神通。这样，使佛身在高大、庄严、完美的形体之外，又增添了吉祥仁慈、神秘莫测的气氛。

④正遍知：佛教名词。梵文"三藐三菩提"之意译。据《维摩诘经·佛国品》僧肇注："'阿耨多罗'，秦言'无上'，'三藐三菩提'，秦言'正遍知'。道莫之大，'无上'也，其道真正，无法不知，'正遍知'也。"指佛所独有的超人智慧。

⑤多陀阿伽度：即佛陀十大名号之一"如来"之梵语音译。

⑥阿罗诃：释迦牟尼十大名号之一，亦称"应供"，意即应受供养。释迦佛创立佛教以普度天下众生，故为信奉尊奉，得此名号。

另外，"阿罗诃"即指阿罗汉，为小乘佛教修行的最高果位。（详解见词条"阿罗汉"）

⑦三藐三："阿耨多罗三藐三菩提"之略称，梵文音译，亦略称"阿耨三菩提"。"阿"为"无"，"耨多罗"为"上"、"三"即"正"，"藐"即"等"，"菩提"为"觉"。故"阿耨多罗三藐三菩提"意译为"无上正等正觉"；旧译为"无上正遍知"、"无上正遍觉"等。佛教名词，被认为能觉知佛教一切真理，并能如实了知一切事物，从而达到无所不知的一种智慧。这种智慧是超人的、惟佛具有，故《大智度论》卷八十五称"唯佛一人智慧为阿耨多罗三藐三菩提"。亦名"大菩提"。大乘"菩萨行"的全部内容，就在成就此种觉悟。《摩诃经·净土品》："菩萨一心向阿耨多罗三藐三菩提中，远离余心，所作身口意业皆应阿耨多罗三藐三菩提。"《摩诃经·实际品》："阿耨多罗三藐三菩提即是性空，性空即是阿

耨多罗三藐三菩提。"

⑧凫：音 fú，动物名，泛指野鸭。因其善游水，故称游泳为凫水，此字做此意用时通"泗"。

⑨妙法：佛教用语。指义理深奥、微妙无上的佛法。《法华玄义序》："妙者，褒美不可思议之法也"。《维摩经·佛国品》："以斯妙法济群生。"《法华经·方便品》："我法妙难思"。晋慧远《三报论》："推此以观，则知有方外之宾，服膺妙法，洗心玄门"。南朝梁沈约《内典序》："妙法轮转，甘露启霏。"

⑩现身：指现在世。

⑪念佛三昧：佛教名词。为佛教禅观之一。指以念佛为观想内容的一种禅定。佛教宣称专心念佛（或称名念佛——念诵阿弥陀佛的名号），或观想念佛、或二者相结合，进入一种禅定状态，可见到佛的形相，死后可往生佛国净土。据《般舟三昧经》记载，若一昼夜乃至七天七夜一心念诵十方佛，就可在入定状态中看见佛在自己面前现显。

⑫那由他：梵文音译，亦译为"那庚多"、"那由多"、"那述"、"那术"等，数目之名。意约为中国所说之"亿"，古时的"亿"又有十万、百万、千万三等，故佛经中所说的那由他在译为汉文后，所表示的数目出入很大。但通常只是表示数目甚多之意。

⑬恒河沙：恒河，南亚的一条大河，发源于喜马拉雅山脉南坡，流经印度和孟加拉国，注入孟加拉湾，全长 2700 公里，流域面积 106 万平方公里。流域内人口稠密，农业、航运业发达。据说，佛现身说法之处离此河很近，加之河中之沙又多又细，故佛教常以恒河之沙比喻数目之多。

⑭化佛：指佛以超人的神通力所变化出的佛的形象，以昭示佛法的无比威力和无所不在。后世工匠及艺术师们在制作佛像时，往往根据有关经典，在圆光、宝冠等处安置一些小佛像，以象征无数化佛。

⑮ 化菩萨：指菩萨以超凡的神力所变化出的菩萨的形象，以说明菩萨的超能力及无所不在。

⑯ 念佛：佛教用语。指为达到佛的形相和功德而采用的念诵佛名号的一种修行方法。据称一心念佛可以不生情欲，有助于达到解脱或死后往生佛国。《楞严经》卷五："我本因地以念佛心入无生忍"。《大乘起信论》："以专意念佛因缘，随愿得生他方佛土"。《往生要集》中载："往生之业，念佛为本。"念佛小乘指思念释迦牟尼佛，如《杂阿含经》卷三十三讲"念如来事"（即念佛）："如来、应供、等正觉、明行足、善逝、世间解、无上士、调御丈夫、天人师、佛、世尊，圣弟子如是念时，不起贪欲尘，不起嗔恚愚痴心；其心正直，得如来义，得如来正法，于如来所得随喜心，随喜心已欢悦，欢悦已身猗息，身猗息已觉受乐，觉受乐已其心定，心定已，彼圣弟子于凶众生中无诸罣阂，入法流水，乃至涅槃。"大乘认为三世十方有无数的佛，所以所念之佛亦有许多，常念的有阿佛、药师佛、弥勒佛、大日佛等，尤以念阿弥陀佛为最盛。

念佛方法主要有3种：1.称名念佛：即口称佛的名号（如称"南无阿弥陀佛"），诵念不已。唐代道绰、善导创立的净土宗，主张日念佛号7万、10万声，即属此类。2.观想念佛：静坐入定，专心思念佛的相貌及所居佛土，《观无量寿佛经》里所说的观想西方净土"庄严"景象及阿弥陀佛形相等，即属此类。3.实相念佛，观佛的法身"非有非空，中道实相"之理。净土宗主要倡导前两种，宣称，由此业因死后可往生西方极乐净土。

⑰ 无缘慈：即无缘慈悲。为大乘佛教所言之"三缘慈悲"（众生缘慈悲——小悲，法缘慈悲——中悲，无缘慈悲——大悲）之一，这种慈悲远离一切差别，不住于有为无为性和过去、现在、未来世之中，知晓明了诸缘不实，故心无所缘。与之相反的是"心有所缘"，即众生缘，因为众生不知诸法实相，往来五道，心著诸

法，取舍分别，引起诸多烦恼和无尽苦痛。而佛却心无此缘，故称心无众生缘，佛的这种对世界和人生的认识及大慈大悲的功德可帮助启迪众生，使一切众生明白知晓诸缘不实的道理，心不著于诸法，不以物喜、不以己悲，摆脱烦恼、剔除苦痛，从而获得去掉苦与乐之益，所以称之为无缘慈悲。这种慈悲为佛之慈悲。

⑱授记：亦作"受记"，意即"预言"、"预告"佛教名词。指佛对发大心之众生，授与将来必定成佛的预言。在古印度，国王所生的第一个儿子，一般情况下会被预定为王位的继承者，他们通常称举行宣告其继承法定地位的仪式为授记。而且，在仪式上，要用取自四大海的海水灌其顶，预意将来他能统治四海之内的全部国土及人民，因此称为灌顶王子。佛教引用之，并列为"十二部经"之一种，例如，《法华经》中就有一品称为"授记品"。在佛经中，授记是指佛陀为弟子们预告、亲证菩提的时间。佛教认为，佛对一切众生都了如指掌，他能看见众生们的心行及修行的历程。如果哪位修行者已经位阶不退（即得不退还的无生法忍），那么，其前程已经很明了，这时，佛便给予其成佛的授记。这种授记，不是预言，也非猜测，更不是命定，只是佛依据各人的慧根和修行的法门以及勤惰的态度而判断确定其成佛的迟早。就像导游为旅行者在地图上指出到达目的地的路线、距离以及时间一样，就好像教师告知已入学的正常发展进步的学生们，几年之后必将毕业一样，其中并没有神秘色彩。

那么，谁够资格接受佛的授记呢？一般是指位阶不退的菩萨。不过授记不仅仅限于大乘菩萨，若修小乘法而证得初果以上的圣者，也授必定证得阿罗汉果的记别。

在现实社会中，有些自称具有神秘经验的修行者，往往好为他人做授记式的预告，如果仅仅是预言日常生活中将要发生的事情，则属一般的灵媒、占卜之类的迷信；如果是为他人授阿罗汉记或成佛记，那则是胆大妄语，是违背佛教授记含义的。试想，他自己就不是佛，又怎么能为别人授成佛记、成阿罗汉记呢？目前，社会上一些居心不良者利用信徒对佛法和佛教仪式的缺乏了解而贸然自称为佛或大菩萨再世，他们或许有的人的确表现出慈悲和救济众生的态度行为，但在他们的内心深处，却为大我所占据、侵蚀，从根本上讲是否定了释迦世尊的教法而并非正信和正统的佛教。真正的皈依佛教的大修行者，必定会以凡夫的身份自许，否则，很可能成为鬼神及魔道的伴侣。佛教，特别是大乘佛教强调和提倡在人间活动并具有人间身的佛，这种佛是人性本位的佛、是人格健全的佛，正是在这个意义上，许多佛教大师提倡"人成即佛成"。

【白话】

佛告诉阿难和韦提希："修行得见此观后，接下来便应当观想佛。为什么要观想佛呢？因为诸佛如来是法界身，无所不在，自然也就存在于一切众生的思想意念中。所以，你们的心观想佛时，你们的心就是佛的三十二相和八十种随形好。用你们的心观想佛，那么，此心也就是佛，诸佛所独有的深广如海的超凡智慧，也由此观想生起。所以，应当执持于一心、系念于一意，仔细地观想阿弥陀佛，观想佛的其他名号：多陀阿伽度、阿罗诃、三藐三佛陀。观想阿弥陀佛者，首先应当观想阿弥陀佛的形象，不管是闭上双目还是睁开眼睛都能见到一尊阎浮檀金色的佛坐在莲花座上。如果观想达到这种境界，那么'心眼'便已睁开，这时，什么事物都能看得一清二楚，看见用七宝装饰的西方极乐世界的美妙景象：由七宝铺成的宝地、由七宝砌成的宝池和一行一行由七宝合成的宝树，还有弥覆其上的宝幔和布满虚空中的宝罗网，如此等等，都由于'心眼'得开而观看得清楚明了，就像观看掌中之物一样。

"能观想到这些事相后，接下来还应当观想在佛的左、右两边有二朵硕大的和前边所描述的一模一样的莲花，左边的莲花座上坐着观世音菩萨，右边的莲花座上坐着大势至菩萨，他们身放金光，和前边所见到的毫不差异。这就观想成就后，阿弥陀佛和二位菩萨像会大放光明，其光为金色，照耀着许许多多的宝树；每一树下，都有三朵莲花，莲花上都各有一尊佛像和两尊菩萨像。这样的莲花及莲花上的佛、菩萨像遍布了整个极乐国土。这一观想成功后，修持此观想法门者就将听到极乐国土中的水流声，看见金色光明及行行宝树，听闻到凫雁鸳鸯都在演说微妙佛法。不论是处在观想的入定状态，还是已出了禅定状态，都能一直听闻到这不可思议的佛法。修行者在观想的入定状态中听闻到的佛法，出定以后仍然能清楚记得，忆持不忘，与入定状态时所得的佛法一样。如果达不到这一境界，出定、入定听闻的佛法不相同，便说明修行者的观想是虚妄的；若能达到这一境界，出定、入定听闻的佛法是相同的，便叫做'粗想见极乐世界'。这便是'像想'，在观想法门中称为'第八观'，修行得此观想的人，可以免除无量无数亿时劫的生死之罪，不用等到来生，在现在世中即可获得定见法身实相的念佛三昧。依照我教授的方法修行此观想的，是正确的观想法；若用其他的方法观想，便是不正确的邪观。"

佛告诉阿难和韦提希："第八观想法门修持成就后，应当更加仔细认真地再一次观想无量寿佛的身相光明。阿难，你应当知道，无量寿佛身的光明如同百千万亿夜摩天阎浮檀金色；佛身高达六十万亿那由他，就是如同恒河沙数一样多由旬也难以形容其高；双眉中的白毫，向右宛然转旋，如同五座须弥山那么高；双眼清彻浩明，如同四大海的海水一样深广透亮，青是青、白是白、明了清楚；身上的毛孔都放射出光芒，如须弥山的光芒一样；阿弥陀佛顶上的圆光，如同百亿个三千大千世界那么大。在圆光的光芒中，有百万亿化身佛，像恒河之沙粒一样多得数不胜数，每一尊化佛两侧，还有无数无量的化身菩萨为其胁侍。无量寿佛有八万四千种殊胜美好相貌；每一美好相貌中，又有八万四千种较为隐密难见的吉瑞特征；每一吉瑞特征中，还有八万四千种光明；每一光明，都照遍十方世界念佛的众生，摄护他们往生于极乐世界，从不舍弃。阿弥陀佛的光明及形象特征，以及他的化身佛的光明和形象特征，都无法详尽地加以描述。但当修行者忆持观想之时，可以由'心眼'全部见到。能见到这一事相的人，便能见到十方世界一切诸佛，因为能见到诸佛的缘故，所以叫'念佛三昧'。

"修行得到此观想的，叫'观一切佛身想'。因观想佛身的缘故，也可以见到佛心。所谓的诸佛心，就是大慈悲。诸佛以无差别的平等的无缘慈悲去济渡众生。修持此观想的人，在阳寿尽后，可以往生到阿弥陀佛座前，证得无生无灭之理体，获见中道实相之无生法忍。所以，聪明人都应当专心致志，仔细地观想无量寿佛。观想无量寿佛的方法是从佛的一个形象特征入手。例如，从观想眉间的白毫光入手，仔细观想眉间白毫光一直到将其观想得清楚明了，再观想其他部位。能够观想得见眉间白毫的修行者，八万四千种佛的相貌特征也自然能全部观想到；能观想到无量寿佛的修行者，自然也能观想到十方无数的诸佛。因能观想到无数诸佛的缘故，诸佛都将现身于其人面前，为他做将来必定成佛的授记。这便是'遍观一切色身相想'，在观想法门中列为'第九观'。依照我教授的方法修行此观想的,是正确的观想法;若用其他的方法观想,便是不正确的邪观。"

【说明】

关于"授记",这里还需做些说明。在我国汉化佛教禅宗中,早期并无授记仪式,因为传的是心法,讲究以心印心,心心相印,故不需要仪式,更无需文件之类的证明,接法的人,也不一定会接掌主持寺院的职位。而晚近以来的丛林寺院却有了授记仪式,接受授记的人未必就是已证悟佛法的人,因为授记的目的仅仅在于传承主持寺院的职位,届时,有法卷等证明一类的文件颁法。所以,我国晚近时期禅宗的授记已失去了原有的意义,而仅为一种传承寺院主持职位的仪式。

【经文】

佛告阿难及韦提希:"见无量寿佛了了分明已,次亦应观,观世音菩萨。此菩萨身长八十万亿那由他恒河沙由旬,身紫金色。顶有肉髻,顶有圆光,面各百千由旬。其圆光中有五百化佛,如释迦牟尼。一一化佛,有五百化菩萨,无量诸天以为侍者。举身光中,五道①众生,一切色相皆于中现。顶上毗楞伽摩尼宝,以为天冠。其天冠中,有一立化佛,高二十五由旬。观世音菩萨面如阎浮檀金色,眉间毫相备七宝色,流出八万四千种光明。一一光明有无量无数百千化佛;一一化佛,无数化菩萨以为侍者。变现自在,满十方世界。臂如红莲花色,有八十亿微妙光明,以为璎珞;其璎珞中,普现一切诸庄严②事;手掌作五百亿杂莲花色。手十指端,一一指端有八万四千画,犹如印文。一一画,有八万四千色；一一色，有八万四千光；其光柔软，普照一切。以此宝手接引众生。举足时，足下有千辐轮相，自然化成五百亿光明台。下足时，有金刚摩尼花，布散一切，莫不弥满。其余身相，众好具足，如佛无异。唯顶上肉髻及无见顶相不及世尊。是为'观观世音菩萨真实色身想'，名'第十观'。"

佛告阿难："若欲观观世音菩萨者，当作是观。作是观者，不遇诸祸，净除业障③，除无数劫生死之罪。如此菩萨者，但闻其名，获无量福，何况谛观？若有欲观观世音菩萨者，先观顶上肉髻，次观无冠。其余众相，亦次弟观之。悉令明了，如观掌中。作是观者，名为正观，若他观者，名为邪观。"

佛告阿难及韦提希："次观大势至菩萨。此菩萨身量大小亦如观世音。圆光面各百二十五由旬，照二百五十由旬。举身光明，照十方国，作紫金色。有缘众生，皆悉得见，但见此菩萨一毛孔光，即见十方无量诸佛净妙光明。是故号此菩萨为'无边光'，以智慧光普照一切，令离三塗④，得无上力，是故号此菩萨名'大势至'。此菩萨天冠有五百宝花，一一宝花有五百宝台。一一台中，十方诸佛净妙国土广长之相皆于中现。顶上肉髻如钵头摩花。于肉髻上有一宝瓶，盛诸光明，普现佛事。余诸身相，如观世音等无有异。此菩萨行时，十方世界一切震动。当地动处，各有五百亿宝花；一一宝花，庄严高显，如极乐世界。此菩萨坐时，七宝国土一时动摇。从下方金光佛刹⑤，乃至上光明王佛刹，于其中间无量尘数分身无量寿佛，分身观世音、大势至、皆悉云集极乐国土。侧塞空中，坐莲花座，演说妙法，度苦众生。作此观者，名为'观见大势至菩萨'，是为观大势至色身相，观此菩萨者，名'第十一观'。除无数劫阿僧祇⑥生死之罪。作是观者，不处胞胎，常游诸佛净妙国土。此观成已，名为'具足观观世音大势至'。作是观者，名为正观，若他观者，名为邪观。"

【注释】

①五道：佛教用语。亦称"五恶趣"、"五趣"。佛教以地狱、饿鬼、畜生、人、天五种轮回处所为五道。因之相对于西方极乐世界而言，均为不良去所，故又称"五恶趣"。但也有主张以前三道为恶趣，以后二道为善趣的，《观无量寿经净影疏》卷下："三途人天是其五趣，于此分别下三恶道名为恶趣，人天二道名为善趣，今此约对弥陀净刹、娑婆五道，齐名恶趣，娑婆人天杂恶所向，亦名恶趣"。"五道"加上"阿修罗"则称"六道"或"六趣"。一般认为小乘言"五道"，大乘言"六道"，《大智度论》卷十载："说五道者是一切有部僧所说，婆蹉弗妒路部（犊子部）僧说有六道"。卷三十载："佛去久，经流远，法传五百年后，多有别异，部部不同，或言五道，或言六道。若说五者，于佛经回文说六。又摩诃衍（大乘）中《法华经》说有六趣众生，观者义旨，应有六道。"

②庄严：意指崇高、纯洁、清净、离欲、断惑、慈悲、博大、威德、肃穆等。

③业障："障"、本意为遮盖、阻碍、障碍、佛教指遮盖众生本心，阻碍众生跳出三界的门路。"障"有烦恼障、业障、报障三种，是众生信行佛法的三大障碍。佛教认为，众生因"无明"执着

于我，故有贪欲、嗔恚、愚痴等种种烦恼（此即烦恼障），进而造出诸种业（此即业障），造了业就会受报应，即地狱、饿鬼、畜生等恶报（此即报障，又称异熟障），所以烦恼障是业障和报障的根本。

"业障"是指妨碍修行证得佛果的罪业。《涅槃经》卷十一载"业障者，五无间罪重恶之病"。《俱舍论》卷十七："一者害母，二者害父，三者害阿罗汉，四者破和合僧，五者恶心出佛身血，如是五种名为业障。"佛教认为，通过修行佛法，业障可以逐渐消除，《法苑珠林》卷七十五："如是神咒，具大威力，能受持者，业障消除。"《西游记》第十五回："你须用心了还业障，功成后，超越凡龙，还你个金身正果"；通过观想念佛，也可以消除业障，如本经所言；更为快捷简便的消除业障的方法，就是有幸见到佛，《华严经·世主妙严品》载："若有众生一见佛，必使消除业障。"

以上是佛教的三障说，除此以外，还有五障的说法。"五障"即指佛教修行的五大障碍，据《大日经疏》卷一记载，它们是：1.烦恼障——根本烦恼障碍。2.业障——过去罪业的障碍。3.生障——由于过去世的业因而出生在恶劣的环境中，因而不利修道。4.法障——由前世因缘所致，此生不得遇到法师，无由得闻佛法。5.所知障——虽也听闻佛法，但由于诸种业因，不能得成般若波罗蜜修行。此外，还有专门针对女信徒而言的五障，称女人五障，《法华经·提婆品》载："又女人身，犹有五障，一者不得作梵天王；二者帝释；三者魔王；四者转轮圣王；五者佛身"。《中阿含·瞿昙弥经》载："女人不得行五事。若女人作如来无所著等正觉及转轮王、天帝释、魔王、大梵天者，终无是处"。大乘佛教后来一般不同意这种说法。

④三塗：指三途恶道，简称"三恶道"。佛教名词。根据因果轮回的理论，佛教认为众生因无明和贪欲造成诸多恶业，依据程度不同，应堕三种不同的恶道。它们是：1.地狱道，造上品十恶业

者的堕入处。佛教宣称，此处只有诸苦而无任何快乐可言，众生在此所受苦痛闻所未闻，非笔墨可以描述。2.饿鬼道，造中品十恶业者的堕入处。堕入此处的众生依赖子孙的祭祀或拾取人间遗弃的实物生活，常常食不果腹、衣不蔽体、面容可怖，境况凄惨。3.畜生道，造下品十恶业者的堕入处。指飞禽走兽，及蜎飞蠕动、水游地藏的一切动物。

⑤刹：梵文音译。指佛塔顶部的装饰，即相轮。《洛阳伽蓝记·永宁寺》载："中有九层浮图一所，架木为之，举高九十丈；有刹复高十丈。合去地一千尺。"亦指佛塔、佛寺。《宋史·危稹传》："漳俗视不葬亲为常，往往栖寄僧刹"。经中所言"佛刹"指称"佛国"、"佛土"。

⑥阿僧祇：梵文音译，亦译"阿僧企耶"，意译"无数"、"无央数"，佛教用语，用以表示异常久远的时间单位。据称，"一阿僧祇"有一千万万万万万万万万兆（百万为兆）。《大智度论》卷四载："问曰：几时名阿僧祇？答曰：天人中能知算数法，极数不复能知。"意谓，此种计量法不是凡夫俗子可以算出的，佛典中以之形容诸佛寿命之无量无限，形容时间、年代之无限久远。《阿弥陀经》载"又，舍利弗，彼佛（指阿弥陀佛）及其人民，无量无边阿僧祇劫，故名阿弥陀。"

【白话】

释迦牟尼告诉阿难和韦提希："修行观想无量寿佛达到了了分明的程度后，接下来应观想观世音菩萨。观世音菩萨身高八十万亿那由他，就是如同恒河沙数一样多由旬也难以形容其高。全身呈现紫金色，头顶上有肉髻，脖项上有圆光，面宽百千由旬。在其圆光之中，有五百尊化身佛，就像释迦牟尼佛一样。每一尊化身佛都有五百亿个化身菩萨和无数的诸天神人作为侍者,他们都显现于圆光之中,五道众生的一切色相,也皆从圆光中显现。观世音菩萨头顶上有毗楞伽摩尼宝做成的天冠,在天冠中,有一尊伫立着的化身佛,高达二十五由旬。该菩萨脸色如阎浮檀金色,眉间毫相具备十种宝贝的颜色,从中流射出八万四千种光明;每一束光明中有无量无数的百千化身佛;每一尊化身佛有无数位化身菩萨作为侍者。这些光明中的化身佛和化身菩萨自由自在地变幻,或隐或显,遍布于十方诸佛世界。观世音菩萨的胳臂为红莲花色,饰以璎珞,有八十亿种微妙的光明,在这些璎珞饰品中,显现一切种类的庄严佛事。观世音菩萨的手掌如同五百亿彩色的莲花,十个指端,个个都有八万四千幅图画,犹如指纹印契;每一幅图画,又有八万四千种色彩;每一色彩,含八万四千缕光芒,这种光芒柔和、舒软地普照着一切。观世音菩萨就用这样的宝手渡济接引众生。观世音菩萨抬脚挪步时,足下即生千辐轮相,并很自然地变化成五百亿个光明台;脚落下时,流散出金刚摩尼花,其花遍布四方,一切世间莫不盈满。观世音菩萨其余的身相,也都具足各种相好,和佛一样,没有什么区别。只是他的顶上肉髻相和无见顶相不如世尊。这便是'观想观世音菩萨真实色身相',是观想法门中的'第十观'。"

佛告诉阿难:"如果想得见观世音菩萨,都应修行此观。修行成就此观想法门的众生,可以免遭诸端灾祸,断截害母、害父、害阿罗汉、破和合僧、恶心出佛身血这样的业障,除灭无数劫生死轮回之苦罪。像观世音这样的菩萨,只是听闻他的名号,便可获得无量的福德,更何况认真仔细地去观想?若有想修持观想观世音菩萨这一法门者,应当先观想他顶上的肉髻,然后观想天冠,其余各种相貌特征,也都应按顺序一一观想,直到全部如同看掌中之物一样清楚明了。依照我教授的方法修行此观的，是正确的观想法；若用其他方法观想，便是不正确的'邪观'。"

佛告诉阿难和韦提希："接下来应当观想大势至菩萨。大势至菩萨身量的大小同观世音菩萨一样。圆光和脸面各一百二十五由旬，照二百五十由旬。整个身体光明无限，将十方世界都照耀成紫金色，凡与佛有缘的众生都能看见。只要看见大势至菩萨一个毛孔所放射的光，就可以明见十方无数无量诸佛的净洁微妙光明，所以，称此菩萨为'无边光菩萨'；此菩萨还用其智慧之光普照一切世间，使与佛有缘的众生借以脱离地狱、饿鬼、畜生这三途恶道，得到无上法力，所以，又称此菩萨为'大势至菩萨'。此菩萨的天冠上有五百朵宝花，每一朵宝花上有五百座宝台；每一座宝台中，都呈现出十方诸佛又广又长的净妙国土。大势至菩萨头顶上的肉髻如同钵头摩花，在肉髻上有个宝瓶，宝瓶中盛满了各种光明，从中普现出种种佛事。大势至菩萨其余的身体特征与观世音菩萨没有什么二样。不同的是，大势至菩萨举足行走时，十方世界的一切山水大地都会发生震动，在每一颤动之处都会显出五百亿朵宝花；每一朵宝花之庄严纯洁、高贵典雅，和极乐世界中的宝花一样。大势至菩萨坐下来时，极乐世界的七宝国土会有摇动。从下方的金光佛国到上方的光明王佛国，在此上下之间，如尘埃一样多无限量的分身无量寿佛、分身观世音菩萨、分身大势至菩萨都云集于极乐世界，他们遍满虚空，坐在莲花座上，演说神妙佛法，渡济身处苦海的众生。修行得此观想的，叫做'观见大势至菩萨想'，也就是'观大势至菩萨色身相想'。在观想法门中为'第十一观'。修行得观见大势至菩萨的人，可免除无数时劫生死之罪。修行此观想者，可以不投生于胞胎，能常游走于十方世界的诸佛国土。此观想成功后，就叫做'具足观想观世音、大势至'。依照我所教授的方法修行此观想法门的就是正确的观想法；若用其他方法观想，便是不正确的邪观。"

【经文】

佛告阿难及韦提希："见此事时，当起想作心，自见生于西方极乐世界，于莲华中结跏趺坐①，作莲华合想，作莲华开想。莲华开时，有五百色光来照身想、眼目开想，见佛菩萨满虚空中。水、鸟、树林及与诸佛所出音声，皆演妙法，与十二部经合②。若出定之时，忆持不失，见此事已，名'见无量寿佛极乐世界'，是为'普观想'，名'第十二观'。无量寿佛化身无数，与观世音及大势至，常来至此行人之所。作是观者，名为正观，若他观者，名为邪观。"

佛告阿难及韦提希："若欲至心③生西方者，先当观于一丈六像在池水上。如先所说无量寿佛身量无边，非是凡夫心力所及。然彼如来宿愿④力故，有忆想者必得成就。但想佛像得无量福，况复观佛具足身相？阿弥陀佛神通⑤如意，于十方国，变现自在。或现大身满虚空中，或现小身丈六八尺。所现之形皆真金色，圆光化佛及宝莲花，如上所说，观世音菩萨及大势至于一切处，身同众生，但观首相，知是观世音，知是大势至。此二菩萨助阿弥陀佛普化一切，是为'杂想观'，名'第十三观'。作是观者，名为正观，若他观者，名为邪观。"

【注释】

① 结跏趺坐：略称"跏（jiā）趺（fū）"，亦称"加趺坐"。佛教用语。为释迦牟尼佛的坐法，后泛为佛教中修禅者的坐法。结跏趺于左右胜上而坐，即双足交迭而坐。"趺"指足背，"胜"即腿部肌肉。据慧琳《一切经音义》卷八载，有"全跏坐"和"半跏坐"两种：1. 全跏坐——两足交叉置于左右股上，俗称双盘。若先以右足押左股，后以左足押右股，称为"降魔坐"，禅宗僧人多采用之；若先以左足押右股，后以右足押左股，两足掌仰于二股之上，称为"吉祥坐"，密宗亦称为"莲花坐"。2. 半跏坐——单以右足押在左股上，或单以左足押在右股上，俗称单盘。而密宗称此为"吉祥坐"。《大智度论》卷七："诸坐法中，结跏趺坐最安稳，不疲极，此是坐禅人坐法。"据佛经讲，跏趺可以减少妄念、集中思想。正如白居易《在家出家》诗云"中宵入定跏趺坐，女唤妻呼多不应。"

② 十二部经：又称"十二分经"、"十二分教"、"十二品经"、"十二分圣教"等。指佛经体例上的十二种类别。佛教将经典按经文的形式和内容分为十二类，据《大智度论》卷三十三记载，它们是：1. 修多罗——契经，指经典中直说法义之长行文，犹言契于理、契于机之经典。2. 祇夜——应颂、重颂，与修多罗相应，重宣教义，采用颂体，凡定字句之文体，谓之颂。3. 和伽罗那——授记，佛给菩萨预言成佛的经文。4. 伽陀——讽颂、孤起颂，采用偈的文体组成经文。5. 优陀那——无问自说，无人发文，佛自宣说的经文，如《阿弥陀经》。6. 尼陀那——因缘，记述佛说法教化的因缘，如诸经的序品。7. 阿婆陀那——譬喻，经文中的譬喻部分。8. 伊提目多伽——本事、如是语经，佛说弟子过去世因缘的经文，如《法华经·药王菩萨本事品》。9. 阇陀伽——本生，佛说自身过去世因缘的经文。10. 毗佛略——方广，佛说方正广大的道理的经文。11. 阿

浮陀达磨——新云阿毗达磨、未曾有，记佛显现种种神力不可思议的经文。12.优婆提舍——论议，问答和论议诸法意义的经文。十二部经中的修多罗、祇夜、伽陀三类，是佛经的基本体裁，其余九部则是根据经文所载的内容不同而立名。

"十二部经"这种佛典分类法，产生于小乘向大乘的演化时期，是在"九分教"（印度佛典早期分类的一种形式，《法华经·方便品》认为它是小乘经典的组织形式）的基础上发展而成的。比较九分教和十二部经，可以发现如果在《法华经》所述的九分教基础上，加上《涅槃经》认为大乘特有的三类典籍"和伽罗那"、"优陀那"、"毗佛略"，便成为十二品经。十二品经中有一类叫"方广"，一般认为它讲述的是大乘的教理，后代甚至有人把大乘信徒称为"方广道人"。

对于十二部经中到底哪一类属于小乘、哪一类属于大乘，佛教中看法不一，甚至同一部经中前后的说法也不一样。如《大涅槃经》卷三，说大乘九分教中九类经都属大乘；而卷五，又说只有"授记"、"自问"、"方广"三类属于大乘。另外，《菩萨地持经》说十二品经中，只有"方广"类典籍属大乘，其他十一类经典都算小乘。这些不同的说法反映了不同佛教派别对佛教典籍的不同态度。

后来，印度又出现了用经、律、论三藏来区分佛教典籍的方法。对十二部经各类分属哪一藏，佛教界意见亦各不相同。比如《瑜伽师地论》认为：契经、应颂、授记、讽颂、自说、譬喻、本事、本生、方广、未曾有等十类典籍属于经藏；因缘属于律藏；论议属于论藏。而《大乘阿毗达磨集论》认为：契经、应颂、授记、讽颂、自说这五类属于小乘之经藏，方广、未曾有这两类属大乘之经藏；缘起、譬喻、本事、本生等四大类属大、小乘律藏；论议则包括了大、小乘之论藏。由于当时印度的典籍基本上已不再采用十二品经这样的分类法，所以各派的这些观点只表示了对佛典分类历史的一种追述，对于现实的佛典分类已不起多大作用。等到"杂藏"这一概念出现后，《四分律》还主张十二品经统统都属于杂藏。

"十二部经"这一名称虽早已在我国广泛流传，但它所述的诸多经典并未完全传入我国。中国人一般把它当做全部佛教经典的代名词。南北朝梁代僧祐说："自我师能仁之出世也，鹿苑唱其初言，金河究其后说。契经以诱小学，方典以劝大心。妙论区别，十二唯部；法聚总要，八万其门。"南北朝时，中国出现一部中国人自己撰写的《大佛名经》，专门念诵供奉佛、法、僧三宝的名号。其中作为法宝的代表就是各种佛经，《大佛名经》在念诵这些佛经时，都要念上一句："次礼十二部经大藏法轮"，表示虽然只念诵某些经名，但供养的是全部佛教经典。隋代静琬发愿在房山云居寺刊刻石经，最初拟刻十二部经，就是借用这个名称来指代全部佛经。后历代文人在文集中也常常提到"十二部经"这一名称，如白居易《长庆集》好几处都出现这一名词，而后人有的不太理解它的含义，误将之当作一部经。

③ 至心："至"此处意为"极"、"最"。"至心"意即"诚心"，《敦煌变文集·妙法莲花经讲经文之一》"至心启告十方尊，谁解宣扬微妙法？"

④ 宿愿：指在过去世许下的大愿。

⑤ 神通：梵文音译，亦译"神通力"、"神力"、"通力"、"通"。佛教名词。指通过修持禅定所得到的神秘灵力。佛教宣称，佛、菩萨、阿罗汉有"五神通"（五通）或"六神通"：1. 神足通，亦谓"神境智证通"、"神境通"、"身如意通"、"身通"等，据称，具此神通者，身转飞天入地，出入三界，变化自在。2. 天眼通，亦作"天眼智证通"、"天眼智通"，谓具此神通者能见六道众生死此生彼，苦乐境况，见一切世间种种形色。3. 天耳通，也作"天耳智证通"、"天耳智通"，谓具此神通者，能闻见六道众生苦乐忧喜语

言及世间种种声音。4. 他心通,亦作"他心智证通"、"知他心通",谓具此神通者,能知六道众生心中所念之事。5. 宿命通,亦作"宿住随念智证通"、"宿住智通"、"识宿命通",谓具此神通者,能知自身一世二世三世乃至百千万世的宿命及所做之事,亦能知六道众生的宿命及所做之事。以上为"五神通"。再加上"漏尽通"。合为"六通"。"漏尽通"也叫"漏尽智证通",谓具此神通者即断一切烦恼惑业,永远摆脱生死轮回。《俱舍论》卷二十七认为,此六通"慧为自性"(以慧为体),前"五通"通过修四禅(佛教用以治惑、生诸功德的四种基本禅定,修此死后可生于色界四禅天。其总的特点是已离欲界感受,而与色界观想和感受相应。从一禅到四禅,心理活动逐次发展,形成四种不同的精神境界)而得,凡夫亦可达到,第六通只有圣者(阿罗汉、菩萨、佛)可以达到。《大智度论》卷二十八称,菩萨得五通,佛得六通。《成实论》卷十六谓,外道亦可得五通,有所谓"五通仙人"云。另据《普曜经·十八变品》载,佛以"慈心度人无极,以三事教化",这三事一为"道定神定,变化自然";二为"智慧",重在"知人本意";三为"应病授药"。佛教认为,佛、菩萨都离不开神通,因为他们在救度众生时,不但要有悲天悯人、普度众生的宽大胸怀,而且有实现这一抱负的足够能力。《密迹金刚力士经》卷九:"正住神通,建立大哀无极之业。"

【白话】

释迦牟尼佛告诉阿难和韦提希:"修持观想法门至'第十一观'时,应当在心中观想自己也生于西方极乐世界,在莲花中结跏趺而坐,观想莲花盛开、合拢的样子。莲花盛开时,会有五百种色和五百种光照耀观想者的身体,该观想者顿得眼目开想,见到佛、菩萨布满虚空之中,听到水流声、鸟鸣声、树林婆娑声和诸多佛所发出的声音无一不在演说妙法，所演说的佛法都与十二分支教相吻合。如果观想者出了禅定状态，对在入定时所观想到的一切仍能记忆受持而不忘失，达到了这种程度，即叫做'见无量寿佛极乐世界'，这一观想与前面所述的观想不同，是对极乐世界全景的总观想，故称为'普观想'，在观想法门中为'第十二观'。无量寿佛及其无数化身佛、观世音菩萨、大势至菩萨，经常来到修持观想者的住所向他们慰问。按照我教授的方法修行此观想法门的，为正确的观想法；若不按这种方法观想，便是不正确的邪观。"

佛告诉阿难和韦提希："若有诚心诚意想往生西方极乐世界者，应当首先观想一丈六高的阿弥陀佛像在七宝池水上。如观想前面所说的无量寿佛无边无量高大的身相，不是凡夫俗子的功力心力所能达到的。但是，如果有阿弥陀佛过去曾许下的大愿力的协持帮助，那么，有此忆持观想者，早晚都能得到成就。仅仅观想佛像就可获得无量的福德，何况观想佛的每一种身相、每一处随形好？阿弥陀佛具有六神通，神力广大，可随心所欲，自由自在地在十方世界中变幻显隐。有时变现为硕大无比的身相，可塞满整个虚空；有时又变现为小身，仅有一丈六尺八。他们变现的形象都呈现真金颜色，其圆光之中的化身佛和宝莲花等，都像前面介绍的一样。观世音菩萨和大势至菩萨变现于一切地方，其变现之身与普通众生一样。但只要观看他们的面部，便可以知道是观世音和大势至。他们委身凡世，与众生同相，只是为了要帮助阿弥陀佛度化普天之下的一切众生。以上这一观为'杂想观'是观想法门中的'第十三观'。依照我教授的方法修行此观的，是正确的观想法；若按其他方法观想，便是不正确的邪观。"

【经文】

佛告阿难及韦提希："凡生西方有九品①人。上品上生者：若有众生愿生彼国者，发三种心即便往生。何等为三？一者至诚心，二者深心，三者回向②发愿心。具三心者，必生彼国。复有三种众生，当得往生。何当为三？一者，慈心不杀，具诸戒行；二者，读诵大乘方等经典；三者，修行六念③、回向发愿，生彼佛国。具此功德④，一日乃至七日，即得往生。生彼国时，此人精进勇猛故，阿弥陀如来与观世音、大势至、无数化佛、百千比丘、声闻⑤大众、无量诸天、七宝宫殿，观世音菩萨执金刚台，与大势至菩萨至行者前。阿弥陀佛放大光明，照行者身，与诸菩萨授手迎接。观世音、大势至与无数菩萨赞叹⑥行者，劝进其心。行者见已，欢喜踊跃。自见其身，乘金刚台，随从佛后，如弹指顷，往生彼国。生彼国已，见佛色身众相具足，见诸菩萨色相具足，光明宝林，演说妙法。闻已即悟无生法忍。经须臾间，历事诸佛，遍十方界。于诸佛前，次弟⑦受记⑧，还至本国，得无量百千陀罗尼⑨门。是名'上品上生者'。

"上品中生者：不必受持⑩读诵方等经典，善解义趣⑪。于第一义⑫，心不惊动，深信因果，不谤大乘。以此功德回向，愿求生极乐国。行此行者，命欲终时，阿弥陀佛与观世音及大势至、无量大众眷属⑬围绕，持紫金台至行者前，赞言：'法子⑭，汝行大乘，解第一义，是故我今来迎接汝'。与千化佛一时授手，行者自见坐紫金台，合掌叉手，赞叹诸佛，如一念顷，即生彼国七宝池中。此紫金台如大宝花，经宿⑮则开。行者身作紫磨金色，足下亦有七宝莲花。佛及菩萨，俱放光明，照行者身，目即开明。因前宿习⑯，普闻众声，纯说甚深第一义谛。即下金台，礼佛合掌，赞叹世尊。经于七日，应时即于阿耨多罗三藐三菩提得不退转⑰。应时即能飞行，遍至十方，历事诸佛。于诸佛所，修诸三昧。经一小劫，得无生忍，现前受记，是名'上品中生者'。

"上品下生者：亦信因果，不谤大乘。但发无上道心，以此功德回向，愿求生极乐国。行者命欲终时，阿弥陀佛及观世音并大势至，与诸菩萨持金莲花，化作五百佛来迎此人。五百化佛一时授手，赞言：'法子，汝今清净，发无上道心，我来迎汝'。见此事时，即自见身坐金莲花。坐已花合，随世尊后，即得往生七宝池中。一日一夜，莲花乃开。七日之中，乃得见佛。虽见佛身，于众相好心不明了，于三七日后，乃了了见。闻众音声，皆演妙法，游历十方，供养诸佛。于诸佛前，闻甚深法，经三小劫，得百法明门，住欢喜地⑱。是名'上品下生者'。是名'上辈生想'名第'十四观'。作是观者，名为正观，若他观者，名为邪观。"

【注释】

① 品：等级。

② 回向：亦作"转向"、"施向"。"回"即"旋转"，"向"为"归向"。佛教名词。意为把自己所修功德施往某处。《大乘义章》卷九："言回向者，回己善法有所趋向，故名回向"。"回向"有多种：1.北魏昙鸾《往生论注》将回向分为"往相"和"还相"两种。所谓"往相"，指把自己的功德回施一切众生，使共生西方安乐净

土。《往生论注》卷下："回向者，回己功德普施众生，共见阿弥陀如来，生安乐国"；所谓"还相"，指在西方净土修行止观圆满后，再回到世间教化众生，"共向佛道"。2.隋代智𫖮《仁王经疏》也将回向分为两种，它们是"回施众生"和"回向佛果"。所谓"回施众生"即把所做善德施向众生；"回向佛果"即把所做功德作为成就佛果之因。3.隋代慧远《大乘义章》卷九，认为有三种回向：一为"菩提回向"——把所修功德作为觉悟的业因。二为"众生回向"——把所修功德施向众生。三为"实质回向"——把所修功德转向平等之理，认识一切善行皆真如法相之显现。《华严大疏钞》对此分类表示赞同，卷二十三载："回者转也，向者趣也，转自万行趣向。向三处故名回向。……三处谓众生、菩提及实际"。另唐澄观《华严经疏》卷二十六，又将此三回向细分为十种。4.《修忏要旨》载"修回向者，所谓回事向理、回自向他、回因向果"，提出了自己的三种回向。依照莲池大师之注释，这三种回向的含义为：回己向他——过去众生之所以修善业，无非是为自身和眷属打算。今回此心向于众生，把自己所修功德尽施于他人，只愿他人得利，不求自己安乐；回因向果——过去众生只知道修行是为了求得人间的福报，不晓得求出世的圣果。今回此心向于无上菩提，把自己所修的善业，尽都用来庄严佛果；回事向理——就是将这能修所修、能向所向的心，向于实际，向于真如，没有种种差别之相。另外，莲池大师强调，修净业的人，凡有一善，必定要先回向于西方，这心便能转福，直向西方路去；否则，恐会还生三界。

③ 六念：佛教称念佛、法、僧、戒、施、天为六念，也称"六法"。

④ 功德：对"功"、"德"二字有以下几种解释：1."功"指做善事，"德"指福报。《仁王经疏》载"施物名功，归己曰德"。2.善念存于心曰"德"，见于行曰"功"。3."德"即"得"，意谓修功

有些得,所以称为"功德"。《胜鬘经宝窟》卷上"恶尽言功、善满曰德,又德者得也,修功有所得,故名功德也。"

所谓"功德",一般指念佛、诵经、布施等,据说因此可得善的报应。"功德"内容很多,概括起来可分为两大类。1.普度众生,通过给众生做好事,完成自己的宗教修习;2.偶像崇拜,通过对佛、法、僧的信仰实现自己内心世界的净化。

功德需要积累而成,由少至多,称作"积",由低至高,称作"累"。德不积不崇,功不累不大。据说天仙有一千三百善,四年就积累成功德;地仙有三百善,一年就积累成功德;而人虽想积累功德,却常常半途而废。佛要尽度众生,当然功德最大,几乎所有的佛经,都要赞颂佛的功德。佛的功德被称作"功德聚"。《涅槃经》的颂词是:"如来无量功德聚,我今不能广宣说。"《浴佛功德经》的颂词是"我今灌沐诸如来,净智庄严功德聚。"因诸佛功德无量,世人都欲求其保佑,以祈赐福。佛教宣称,要想得佛赐福,就需供养佛,《三藏法数》称"若能恭敬供养佛、法、僧三宝,非但成就无量功德,亦能获其福报,是名'功德福田'。"《无量义经》载"布善种子,遍功德田,普令一切发菩提芽。"总之,遍种功德田,就能收获福果,这是佛教劝人向善的主旨。

⑤声闻:梵文意译。原指释迦牟尼佛在世时听其说法的弟子。《大乘义章》卷十七:"从佛声闻而得道者悉名声闻。"后泛指听闻佛陀言教而觉悟者,与缘觉、菩萨合称三乘。也指修习苦、集、灭、道四谛而得道觉悟者,最高果位为阿罗汉,最终目的是达到"灰身灭智"的无馀涅槃。因之只能遵照佛的说教修行,并仅仅以达到自身解脱为目的,故被以普度众生为己任的大乘贬为"小道"、"小业"。

⑥赞叹:"赞",赞扬、赞叹;"叹",叹美。

⑦次弟:"弟"即"第","次第"意为"按顺序"。

⑧受记:"受"即"授"。见词条"授记"。

⑨ 陀罗尼：梵文音译，意为"总持"、"总有"、"不分散"，指能持集种种法而不散失。常译为"总持咒"、"咒"。它是用特定的音符和特定的语句所组成的符号，代表着特定的神明或佛、菩萨的尊称和力量。

咒产生于原始宗教时期，起先一般是通过所谓通灵者的媒介，由神灵所传授的，后来在民间流传。不论在东方还是西方，都有关于咒语的使用和信仰。在我国民间，还流行符咒并用，"符"是一种用笔绘成的符号，也代表特定神明的灵力，民间信仰认为这种符咒能达到驱邪、避凶、趋吉的目的。

据说，释迦牟尼佛对当时流行的咒术持否定态度，他在世时，不允许弟子采用咒术。佛圆寂后，其信徒渐渐有采用咒术的，故在《四分律》卷二十七、《十诵律》卷四十六等，都有用咒治病的记载。然而依据原始佛法，应该是有病看医生；若遇灾难，应该去忏悔，并心存善念，多做善事，认为这才是逢凶化吉、解冤释结、消除业障的最好办法。所以，早期佛教原则上并不重视咒语的使用。早期的中国佛教也不重视持咒，持咒常被称为杂修、杂行，所以，虽然早在魏晋时代就译出了"孔雀王经咒"、唐高宗时代译出了"大悲咒"，但直到宋代，才被天台宗的四明知礼大师提倡而慢慢得以普及。还有"楞严咒"也是到宋以后随着《楞严经》的普及而受到重视。在中国，佛教中咒语的流行和被重视是在明末之际，当时所编写的《禅门日诵》中，收有许多咒语。与中国佛教一脉相承的日本佛教，在唐、宋时代也不流行咒语，除了密宗之外，也不重视咒语，他们的净土宗专门念佛、禅宗专门参禅，天台宗专门修止观。

然而，后期佛教改变了对咒的看法，他们认为反复地持诵同一种特写的语句，会使持诵者心念集中，持诵越久越集中，逐渐达到统一身心，从有念而至无念的禅定效果。所以，后期佛教也不反对使用持咒的法门。梵文的"咒"有"总持"之意，由此他们认为，持咒就是以一咒的咒法去统摄一切法，任何一咒语，只要修之如法，持之以恒，都会产生相当大的效验。之所以这样，他们认为主要是因为持咒兼带持戒、修定，可产生慈悲心和智慧力，必然能够去执着而消业障，这样也必定能感通诸佛及菩萨。由此看来，虽都名为咒，但佛教所谓的"咒"和原始宗教所谓的"咒"是不同的，佛教主要是将之作为禅定修行的一种修持法门，并坚决反对以害人为目的邪咒。

念咒一般以梵语的原音发音，也就是说，咒语都是梵文音译。其含义虽各不相同，但多半是佛、菩萨等的名号及归敬三宝的语句。

所谓咒语的密付、密传，指被藏传佛教列为高层次的密法，即瑜伽密和无上瑜伽密，具有一定的仪轨和修法的程序，重视心里的引导，故需要师师相传。普通运用的咒语则无需如此。

⑩受持："受"，接受、领受；"持"，坚持、保持。佛教用语，指对佛法领受在心、持久不忘。《胜鬘宝窟》卷上："始则领受在心曰受，终则忆而不忘曰持。"宋朱弁《曲洧旧闻》卷八："吾尝梦梵僧告予曰：'世且乱，定光佛再出世，子有难，能日诵千声，可以免矣'，吾是以受持"。清恽敬《金刚经书后》二："若复有人闻是经典，信心不逆，其福胜彼，何况受持诵读，为人解说。"

⑪义趣：指佛经的义理和旨趣。

⑫第一义：即终极真理。这里指佛教的根本教义。

⑬眷属：指释迦牟尼佛的随行人。阿难等与释迦牟尼有血缘关系的称为"内眷属"，舍利弗、目犍连以及菩萨等与佛无血缘关系的称为"大眷属"。

⑭法子：指信奉佛法的人。

⑮经宿："经"，经过；"宿"，夜晚。"经宿"意即经过一个晚上。

⑯宿习："宿"，前世、过去世；"习"，修习。"宿习"指前世

对佛法的敬奉和修习。

⑰不退转：见词条"无生法忍"。

⑱欢喜地：即"初地"。佛教用语，为菩萨"十地"（亦译"十住"）之一。"十地"指佛教修行过程中的十个阶位。常见的有两种说法。一为大乘菩萨十地，是菩萨修行的十个阶位。大乘佛教认为，菩萨修行"十地"的过程，即为"植众德本"的过程，其内容揭示了菩萨行的全部思想，故向来颇受重视，对"十地"的内容的陈述也很繁杂，不同的门派和经典所强调的重点也不一样。但它们都有一个共同点，那就是同"十度"（施、戒、忍辱、精进、静虑、般若、方便善巧、愿、力、智）的思想次第相应，用"十度"规定"十地"的内容。据《渐备一切智德经》载，这"十地"为：1.欢喜地（愉悦住）。此地由"初发菩提意"开始，标志修行者已"越凡夫位"，进入"菩萨位"，悟我法二空，能益自他、生大欢喜，故也称"初地"。与"施度"相应。2.离垢地、净地（离垢住）。"弃十恶、建十善"远离能起任何犯戒之烦恼，使身心无垢清净。与"戒度"相应。3.明地、发地（兴光住）。由观无常、苦、空、不净而愍哀众生，成就殊胜之禅定，变现万端，示现神足以"救护十方"，供养诸佛。与"忍度"相应。4.焰地、焰胜地（晖曜住）。重点进修"三十七道品"，使其智慧德性增盛。与"精进度"相应。5.难胜地（难胜住）。重点在如实了解"四谛"及一切谛，使"大悲转胜"、"生大光明"，由于此地令"俗智"与"真智"合而相应，极难做到，故称"难胜地"。与"禅度"相应。6.现前地、现在地（目见住）。解"十二因缘"为众苦之本，了知流转三界，惟是一心。这种由"缘起"之智引生的"无分别智"，可得入三脱门，令"最胜般若"现前。与"智度"相应。7.远行地、深入地（玄妙住）。住于无相行，认识到世间诸法之实相（真正本性）为无生无灭。得"无生法忍"。8.不动地（不动住）。由于得"无生法忍"，故能不为一切事相烦恼所动。9.善慧地、妙善地（善哉意住）。成

就"四无碍智",能遍行十方说法,得"大法师"名。10. 法云地(法云住)。成就"大法智","具足度世众德之本",法身如虚空、智慧如大云。

第二种说法为"三乘十地",也称"共地",指声闻、缘觉、菩萨这三乘共修的阶位。1. 乾慧地(亦作过灭净地、寂然杂见现入地等)。相当于小乘的三贤位。2. 性地(种性地、种地)。相当于小乘四善根位。3. 八人地(第八地、八地)。"人"即"忍",相当于小乘见道十五心之位(已体认四谛十六心的八忍七智),达"预流向"位。4. 见地(见见地)。至修道第十六心"道类智",达"预流果"位,已断三界见惑。5. 薄地(柔软地、微欲地)。已断"欲界九种烦恼","断诸烦恼、余气亦薄",达"一来果"位。6. 离欲地(离贪地、灭淫怒痴地)。已全断欲界修惑,得"不还果"位。7. 已作地(所办地、已办地)。小乘已得"尽智、无生智",得"阿罗汉果"。8. 辟支佛地。以观十二因缘法,"成道名辟支佛",即缘觉。9. 菩萨地。是大乘菩萨无数劫修六度万行之地。10. 佛地。是菩萨修行达到的最后果位。

【白话】

释迦牟尼佛告诉阿难和韦提希:"凡往生到西方极乐世界去的人,都被分为九个不同的等级。第一等级为上品上生者:如果有愿意往生西方极乐净土的,只要发'三种心念'即可实现愿望。这'三种心念'是什么呢?第一种是至诚之心,第二种是深信之心,第三种是回向发愿心。具有以上三种心念的人,必定会往生西方极乐世界。此外,还有三种众生可以往生极乐世界。哪三种众生呢?第一种是具有慈悲之心,从不杀生,严格遵守各项戒律的人。第二种是诵读大乘经典的人。第三种是修行佛、法、僧、施、戒、天六事,内心平静安稳,不为俗世琐事所动摇，以自己所修持的功德回施众生，并发愿愿意往生西方极乐国土的人。具备上述功德的三种人，修行一到七天，就可实现愿望，往生到西方极乐净土。由于他们能坚持不懈地修持佛法，克服种种障碍，勇往直前，具足戒满、圆满功德，所以，在将要往生净土的时候，阿弥陀佛与观世音菩萨、大势至菩萨数不胜数的化身佛、成千上百的比丘、所有的声闻弟子、无量无数的诸天神人等都会前来接引他们到七宝宫殿之中。这时，观世音菩萨手执金刚台，与大势至菩萨一起来到他们面前，阿弥陀佛放射出巨大的光明，照耀在他们身上。然后，阿弥陀佛和诸位菩萨一起走上前来，牵引住他们的手表示迎接。观世音菩萨、大势至菩萨和其他数不胜数的菩萨称赞他们，鼓励他们继续修持、增进其心。往生西方极乐世界者，见到这种盛景都会欢欣鼓舞、喜不自禁，回头看见自己的身体坐在金刚宝台上，跟随在佛的后面，只一弹指的功夫，便已到了西方极乐世界。到了极乐世界后，见到庄严圣洁、华贵肃穆的阿弥陀佛和典雅慈祥的诸位菩萨，在流光溢彩的宝林中畅言宣讲美妙绝伦的佛法。闻听此佛法的人，即可觉悟法之无生无灭的实相，得无生法忍。又经过一瞬间，便游遍了十方世界，供养奉侍了各方诸佛。在诸佛面前，一一得到他们的授记，然后，返回到西方极乐世界，得无量百千种持善遮恶的总持咒法门。以上说的是'上品上生者'。

"第二等级为'上品中生者'。这一等级的往生者不一定受持诵读大乘经典，但他们善解佛经的义理和旨趣，听说佛教的终极教义——生死即涅槃、烦恼即菩提后，心境坦然，面色从容，不怖不惊；深信因果报应，对大乘教义不产生疑虑诽谤之心，以此所修的功德回向，发愿求生西方极乐净土。照这样修行的往生者，到阳寿终了、行将离开人世之时，阿弥陀佛和观世音菩萨、大势至菩萨以及诸眷属将围绕在他们的身边，手持紫金台站在他们面前，称赞道：'佛法之子啊，你们修行大乘法门，觉悟理解佛教的根本教义。因此，我们现在来迎接你们'。阿弥陀佛和成千的化身佛一起来接引，往生者回顾自身，见自己已坐在紫金台上，立即双手合十，全心赞叹诸佛。好像一闪念的刹那间，就已经往生到西方极乐世界的七宝池中。紫金台形同一朵大宝莲花，过了一夜即盛开，往生者从宝花中出来，浑身上下都是紫磨金色，脚下是七种宝贝合成的莲花。阿弥陀佛和诸位菩萨全都放射出光明，照耀在往生者的身上，往生者的眼睛马上睁开，双目炯炯有神；又因为他们前世修习积累的功德，耳朵可以听到极乐世界中的种种声音，这些声音全都在演说那深奥的不可思议的佛法第一义谛。这时，往生者走下金台，向佛合掌行礼，赞叹佛的无量功德。经过七天后，就可在修行无上正等正觉的佛智路上，得不退转的阿嗨跋致果位。立即，他们便能飞行，飞遍到十方世界去供养诸佛，并在诸佛那里，修行各种禅定之学。又经过一小劫的时间，便可证悟到诸法的无生无灭的实相，得无生法忍，得以在佛面前授记为未来佛。以上说的，是'上品中生者'。

"第三等级为'上品下生者'。这一等级的往生者深信因果报应，对大乘教义不产生疑虑诽谤之心；虽信根不很深牢，但仍立下求无上菩提的心意。如果用这样的功德回向，愿求往生极乐世界，那么，修行者在阳寿将尽之时，阿弥陀佛和观世音菩萨、大势至菩萨以及其他各位菩萨会手持金色莲花，化身为五百尊佛来迎接他们。这时，五百化身佛伸手接引他们，全都赞叹说：'佛法之子啊！你既立下了求无上菩提的心念，现今已经得到清净，我等特来迎接你。'往生者能观想见到这种情景时，就会发现自己的身体已经坐在金莲花上，坐上去后，莲花会自动闭合，然后跟随在佛的后面，往生到西方极乐净土的七宝池中。经过一天一夜，莲花才开放。七天之后，才得以去见佛。虽然看得见阿弥陀佛的身像，但对佛身的诸多殊胜吉瑞之相还没有清楚明了的认识。又经过三七二十一天后，才能对佛身的诸多殊胜吉瑞相看得一清二楚，并能听见极乐世界的各种美妙声音，这些声音都在畅言佛教妙法。然后，往生者们也得以游历于十方世界，供养诸佛，并在诸佛面前，得以听闻最为奥秘的佛法。再经过三个小劫的时间，可以得到菩萨于初地（欢喜地）所具有的智慧法门，心中顿生大欢喜。上述情况说的是'上品下生者'。以上说了上品的往生者的情况，称为'上辈生想'，在观想法门中为'第十四观'。依照我所教授的方法修行此观想的，是正确的观想法；若按其他方法观想，则为不正确的邪观。"

【说明】

从这段经文开始到"是名'下辈生想'，名第十六观"为正宗分第三部分，主要讲述对第十四、十五、十六这三种法门的观想。经文根据发愿往生净土者各自对佛教的信仰程度以及修习积善断恶的程度的不同，而将他们分成三品，每品三级，共三品九级。品级不同，往生净土后所受的待遇和得到的果位也不相同。

此节经文为正宗分第三部分之首段，讲的是"第十四观想法门"——"上辈生想"。认为凡是信仰佛教的因果报应之说、信仰大乘教义者都属上品。由于信仰程度不同，又分为三个等级，称作"上品上生"、"上品中生"、"上品下生"。凡生上品者虽临终时都由"西方三圣"亲自前来迎接，但每级的坐具不同，一为"金刚台"、一为"紫金台"、一为"金莲花"。到了净土之后，上品上生的人马上可以见佛；上品中生的人过一夜才能见佛；而上品下生的人要过七天才能见佛，等到过了三七二十一天，才能真正看清佛的三十二相、八十种随形好。

【经文】

佛告阿难及韦提希："中品上生者：若有众生，受持五戒①，持八戒斋，修行诸戒，不造五逆②，无众过患③。以此善根回向，愿求生于西方极乐世界。临命终时，阿弥陀佛与诸比丘眷属围绕，放金色光，至其人所，演说苦、空、无常、无我，赞叹出家④，得离众苦。行者见已，心大欢喜，自见己身坐莲花台，长跪合掌，为佛作礼。未举头顷，即得往生极乐世界。莲花寻⑤开。当花敷⑥时，闻众音声，赞叹四谛⑦，应时即得阿罗汉⑧道，三明⑨六通⑩，具八解脱⑪。是名'中品上生者'。

"中品中生者：若有众生，若一日一夜持八戒斋，若一日一夜持沙弥戒⑫，若一日一夜持具足戒，威仪无缺，以此功德回向，愿求生极乐国，戒香⑬熏修。如此行者，命欲终时，见阿弥陀佛与诸眷属放金色光，持七宝莲花至行者前。行者自闻空中有声赞言：'善男子，如汝善人，随顺三世诸佛教故，我来迎汝。'行者自见坐莲花上，莲花即合。生于西方极乐世界。在宝池中经于七日，莲花乃敷。花既敷已，开目合掌，赞叹世尊，闻法欢喜，得须陀洹⑭。经半劫已，成阿罗汉。是名'中品中生者'。

"中品下生者：若有善男子，善女人⑮，孝养父母，行世仁慈。此人命欲终时，遇善知识⑯，为其广说阿弥陀佛国土乐事，亦说法藏比丘四十八愿⑰。闻此事已，寻即命终。譬如壮士，屈伸臂顷，即生西方极乐世界。经七日已，遇观世音及大势至，闻法欢喜，得须陀洹。过一小劫，成阿罗汉。是名'中品下生者'。是名'中辈生想'，名'第十五观'。作是观者，名为正观，若他观者，名为邪观。"

【注释】

①五戒：佛教名词。指在家男女佛教徒终身应当遵守的五条戒律。它们是：1.不杀生——尊重一切有生命的东西，不可杀害。2.不偷盗——亦作"不与取"，不能擅取他人的东西。3.不邪淫——尊重所有的异性，不能发生不正当的男女关系。4.不妄语——对自己不知道的事情，不能随便乱说，要努力做到句句实言，诚恳待人。5.不饮酒——不能饮用带有刺激性的、易于麻痹神经、扰乱心态的饮料，以随时保持心神的宁静状态。《俱舍论》卷十四载"受离五所应远离，安立第一近事律仪。何等名为五所应离？一者杀生，二不与取，三欲邪行，四虚诳说，五饮诸酒。"《大乘义章》卷十二："言五戒者，所谓不杀、不盗、不邪淫、不妄（语）、不饮酒，是其五戒也。此五能防故名为戒。前三防身，次一防口，后之一种通防身口，护前四故。"

"不杀生"是五戒之首戒。佛教，特别是大乘佛教认为，仅仅做到不杀生是远远不够的，还主张放生。因为不杀生仅是止恶，是消极的善行，放生救生才是积极的善行；认为如果仅仅止恶而不行善，不是大乘佛教的精神。因此在大乘思想流行的中国，从北齐萧梁以来，便提倡断肉食、不杀生，放生的风气也从此渐渐形成。从朝廷以至民间，由僧众而至俗人，都以素食为尚，历代政府为了表示推行仁政,每年都有数日定期禁屠;为了祈雨禳灾,也有放生禁屠之举。如梁武帝就曾下诏禁止屠杀生命以祭礼宗庙;梁代慧集比丘,自燃两臂游历诸州,以乞化所得赎生放生;隋代天台宗智𫖮大师发起建筑放生池,为被放的鱼类讲《金光明经》和《法华经》,又购买各类食以饲养鱼龟;陈宣帝时,敕令国子祭酒徐克撰写"天台山修禅寺智𫖮禅师放生碑文",这是中国有放生池及放生会记载的开始。此后,由唐至宋及明,无不盛行放生。如唐肃宗时,刺史颜真卿撰有"天下放生池碑铭并序";宋朝的遵式及知礼两位大师,也极力提倡放生。

然而,历代高僧中提倡放生最积极的一位当数明末莲池大师云栖宏。他在《竹窗随笔》中有"如来不救杀业"、"食肉"、"齐素"等文;在《竹窗二笔》中,写有"衣锦食肉"、"戒杀延寿"、"放生池"、"医戒杀生"、"因病食肉"等篇;在《竹窗三笔》中,还有"杀生人世大恶"、"杀生非人所为"、"人不宜食众生肉"等文,鼓励戒杀放生。此外,还写了《放生仪》及《戒杀放生文》等用于大众放生仪式的文章。在现代,有弘一大师书、丰子恺先生画的《护生画集》共六册。此外,还有一位叫蔡念生运辰的居生,一生提倡戒杀放生,他编集了历代有关动物也有灵性和感应的故事,成为一书,名为《物犹如是》。

从根本上讲,放生是基于众生平等的慈悲精神以及生死轮回、因果报应的佛教教义。这一点从佛教徒所熟悉的有关放生理论和记载的二部经中可以看出:一是《梵纲菩萨戒经》,其中记载:"若夫子以慈心故行放生业,一切男子是我父、一切女人是我母,我生生无不从之受生。是故六道众生皆我父母,而杀而食者即杀我父母亦杀我故身。一切地水,是我先身,一切火风,是我本体,故常行放生,生生受生。若世人见杀畜生时,应方便救护解其苦难,常教化讲说菩萨戒,救度众生。"二是《金光明经》,其卷四《流水长者子品》有一段释迦牟尼佛往昔行菩萨道的记载,当时世尊名叫流水长者子，有一天，他经过一个很大的池沼，时逢天旱，而且有人为了捕鱼，把上游悬崖处的水源堵塞，使得池中水位急速下降。长者子眼见上万条大小鱼儿濒临死亡，又无法从其上游开堤引水。为了救活池中之鱼，他不得已向当时的国王请求派二十只大象，以皮囊盛水运到池中，直到池水满足，并且饲以食料，方才救活了这些鱼。前一部经是放生的理论依据，后一部经则为开设放生池的依据。

佛教认为，既戒杀又放生，会功德倍增，早得解脱。我们且不管其戒杀放生的动机和目的，仅这一主张的确有利于环境保护。

②五逆：又称"五逆罪"。指五种将招致堕入无间地狱苦果的恶业大罪。《阿阇世王问五逆经》载："有五逆罪，若族姓子、族姓女为是五不救罪，必入地狱无疑。云何为五？谓杀父、杀母、害阿罗汉、斗乱众僧（亦称"破和合僧"）、起恶意于如来所（亦称"出佛身血"）。"亦泛指各种逆伦之罪。有的地方还指称"五戒"之反面，又称"五恶"，即杀生、偷盗、邪淫、妄语、饮酒。经中"五逆"指"五逆罪"。

③无众过患："众"，各种、许多；"过"，过失、过错；"患"，忧患、灾祸。此句意为：没有犯各种过失，没有引起什么灾祸。

④出家：梵文"波吠弥野"的意译，亦译"林居者"。佛教术语。指离家到寺院做僧尼。原为印度婆罗门教的一种遁世制度，后为佛教沿用。《增一阿含经》卷二十一："诸有四姓剃除须发，以信坚固出家学道者，彼当灭本名字，自称释迦弟子。"

出家有一定的程序，从佛教戒律的角度来说，一般是这样规定的：打算出家者应先找到寺院，请求某一位比丘作为自己的"依止师"。这位比丘接受请求后，即向全寺院的僧人说明情由，征得众僧一致同意后，才能收他为弟子。随后就为他剃除须发，授以沙弥戒，受此沙弥戒者，必须在7岁以上，沙弥到了20岁，他的依止师经过众僧的同意，合同寺院主持召集十位大德长老，共同为他授比丘戒，这时才成为比丘。受比丘戒满五年后，才允许离开依止师，自己单独修行，可以云游各地，居住于各座寺院中。女性出家者，同样要先找一位比丘尼作为自己的依止师，受沙弥尼戒；沙弥尼到了18岁，受式叉摩那戒，成为式叉摩那尼；满20岁时，先从比丘尼，后从比丘受比丘尼戒。如此三次受戒，才成为比丘尼。

随着佛教的广泛传播及寺院的迅速发展，国家也开始制定对出家僧人的管理办法。在我国唐代，官府开始颁发度牒（政府颁发给欲出家者的批准证明书，持此即可剃发为僧），设立寺籍、僧籍制度，规定出家时领取度牒，受戒时领取戒牒（出家受戒后所发之受戒证明书。一般格式为首列其教授师名，次表白自己受戒出家之决心，并签名，最后为传戒师等十师之署名押印为证）。其程序时：立志出家者，必须先到寺院里当无须剃发的"行者"，服各种劳役，可以从师受沙弥戒。到了政府规定的度僧日期，经过政府甄别或考试，合格者就能领取度牒，并被指定隶属于某座寺院，这时，才算取得了僧人的资格，允许剃度。随后前往政府准许受戒的寺院，接受比丘戒，领取戒牒。这套出家程序，唐宋两代比较严格，元代以后就比较宽松了。清代干脆废除了度牒，戒牒也改由传戒寺院颁发。出家和尚传戒也漫无限制。约从元代起，受戒者还要在头顶上点上三个、九个或十二个香疤，以香洞作为终身誓愿的标志。近年来，佛教界已在汉族地区废除了这种规定。

佛教徒要求出家，程序的确很复杂。但僧人如想还俗，却非常方便，只要对任何一人声明一下，就可以放弃出家人的身份。

⑤寻：此处为副词，意为"随即"、"不久"。

⑥敷：音 fū，意为"布"、"施"，此处指"敷荣"，即开花结实。

⑦四谛："谛"是真理、真谛的意思。四谛即苦谛、集谛、灭谛、道谛，为佛教的基本教义之一。因被认为是神圣的"真理"，故亦名"四圣谛"。1.苦谛，是佛教对于社会人生以及自然环境所

做的价值判断,认为世俗世界的一切,本性都是"苦",人生为苦海,有说不尽的苦,最常见的有八苦。《杂集论》卷六:"谓有情生及生所依处,即有情世间,器世间如其次第若生,若生处,俱说名苦谛"。2. 集谛,亦名"习谛",指造成世间人生及其苦痛的原因,即佛教通常所谓的"业"与"惑"。《俱舍论》卷二十二:"一切三界烦恼及业皆名集谛"。《杂集论》卷六:"谓诸烦恼及烦恼增上所生诸业,俱说名集谛,由此集起生死苦故。"3. 灭谛,指断灭世俗诸苦得以产生的一切原因,是佛教一切修行所要达到的目的。《显扬圣教论》卷二:"全摄集谛无馀断弃、吐弃、离欲、灭没、寂静"。亦即根绝"集谛"所包括的一切"业"与"惑"。作为佛教的最高理想境界,亦称"解脱"、"涅槃"。4. 道谛,指超脱"苦"、"集"的世间因果关系而达到出世间之"涅槃"寂静的一切理论说教和修习方法,即"八正道"等。《杂集论》卷五:"由此道故,知善、断集、证灭、修道,是略说道谛相。"

⑧阿罗汉:梵文音译,亦译"阿罗诃",略称"罗汉"。意译"杀贼"、"应供"、"不生"。小乘佛教修行的最高果位,声闻四果位中之最高果位,称阿罗汉果。阿罗汉果具体有三个方面的意义:1. 杀贼,小乘以烦恼为贼,因为烦恼会妨害善法。罗汉能断除贪、嗔、痴等烦恼,犹如杀贼。2. 应供,罗汉为民造福,应该受到供养、侍奉。3. 不生,罗汉已永入涅槃,不再受生死轮回的果报。得阿罗汉果者,就可获得自我解脱,佛教小乘以此作为追求的最终目的。大乘则认为,修得此果位固然可喜可贺,但不应满足于此,主张继续修行,成就菩萨果位,普度众生。

佛教中罗汉很多,但广为我国百姓熟知的有"十六罗汉"、"十八罗汉"和"五百罗汉"。"十六罗汉"相传是释迦牟尼的弟子,佛陀去世之前嘱咐他们要在佛涅槃后守护佛法,常住人间,度脱众生,直到未来佛弥勒出世后才能离开。这十六罗汉是:宾度罗跋啰惰阇尊者、迦诺迦伐蹉尊者、伽诺伽跋厘惰阇尊者、苏频陀尊者、诺距罗尊者、跋陀罗尊者、迦哩伽尊者、伐阇罗弗多罗尊者、戍博伽尊者、半托伽尊者、啰怙罗尊者、那伽犀那尊者、因揭陀尊者、伐那婆斯尊者、阿氏多尊者、注荼半托迦尊者。宋元后，罗汉由十六变为十八，增加的两名到底为谁，说法不一，一说是《法住记》的作者庆友和玄奘法师；一说是增达摩多罗和布袋和尚。关于五百罗汉，佛经上说法不一，原因据说是这五百罗汉多次转生，故形象、名号各异。一种说法以参加第一次结集和第四次结集的五百比丘为五百罗汉；另一种说法认为常随释迦佛听法传道的五百弟子是五百罗汉；还有一种说法，载于《法苑珠林》，此经言，过去九十一劫有一学识广博的婆罗门，教有五百豪族弟子，这五百豪族弟子即以后的五百罗汉。此外，还有五百贾客成为五百罗汉的传说。最离奇的还属《西域记》所载五百蝙蝠为五百罗汉的故事。

⑨ 三明：梵文意译。佛教名词。指佛和阿罗汉所拥有的三种神通。据《大智度论》卷二、《俱舍论》卷二十七载：1. 宿命明，又叫"宿住智证明"，有此神通者，可悉知一切众生在过去世的苦乐之事。2. 天眼明，又叫"死生智证明"，有些神通者，可悉知一切众生在未来世生死情况。3. 漏尽明，又叫"漏尽智证明"，有此神通者，能证知四谛等佛教真理，断尽一切烦恼。据称，以上三种神通是以智慧力量破除愚痴，故称"三明"。彻底通达三明谓之"三达"，《大部补注》卷八："三明居极，故云三达。"隋慧远《大乘义章》载"知之穷尽说三达，明共二乘，达唯如来"，认为"三达"为佛所独有。

⑩ 六通：即指神足通、天眼通、天耳通、他心通、宿命通、漏尽通六种神通。（详见词条"神通"）

⑪ 八解脱：佛教用语。亦称"八背舍"，禅定的一种。谓通过八种禅定而舍弃对色和无色之贪欲。据《大智度论》卷二十一记载，它们是：1. "内有色，外亦观色，是初背舍"。为解脱内身对

色的贪想而观身外不净（指观死尸等），使贪心不起。2."内无色，外观色，是第二背舍"。内身虽无对色的贪想，为使其牢固，再观身外不净。3."净背舍，身作证。第三背舍"。观净色（指青黄等八种颜色），于定中除去不净相，对净色亦不贪，称为"净背舍"；证得此背舍性于身，名"身作证"。4. 空无边处背舍，相当于四无色定的空无边处定。5. 识无边处背舍，相当于识无边处定。6. 无所有处背舍，相当于无所有处定。7. 非想非非想处背舍，相当于非想非非想处定。8. 灭受想背舍，受、想皆灭，相当于"灭尽定"。

⑫沙弥戒：即"十戒"，佛教名词。指佛教沙弥和沙弥尼所受的十条戒律。据《俱舍论》卷十四、《沙弥十戒法并威仪》、《沙弥尼戒经》等记载，1. 不杀生。2. 不偷盗。3. 不淫。4. 不妄语。5. 不饮酒。6. 不涂饰香鬘。7. 不听视歌舞。8. 不坐高广大床。9. 不非时食。10. 不蓄金银财宝。

⑬香：梵文"健达"之意译，为佛教六种供养（花、涂香、水、烧香、饭食、灯明）之一。据《大日经疏》载："烧香是遍至法界义。如天树王开敷时，香气逆风，顺风自然遍布。菩提香亦尔，随一一功德，即为慧火所烧，解脱风所吹，随悲愿力自在而转，普熏一切。故曰'烧香'。"也就是说，烧香是为了使自己所修功德或佛之功德周遍一切地方。所以，这种香也称为功德香。

在一切功德香中，佛香是最上等的。佛香指佛证得的五分法身香。所谓五分法身香，是说佛之法身是用戒香、定香、慧香、解脱香、解脱知见香这五种功德的香熏出来的。戒香——戒掉、除去心中念心、嗔心、痴心等种种恶心，此谓戒香。定香——外边的种种境界，不管其好、坏、苦、乐皆不为所动，此谓定香。慧香——明白一切真正的道理，心不起杂念，此谓慧香。解脱香——心中清净安宁、不为外界的一切所动，逍遥自在，无阻碍、无束缚，此谓解脱香。解脱知见香——既然心不为外界所累，那么，就会专心读各种佛经，智慧日见增长，此谓解脱知见香。

烧香是佛教的一种仪式，在行法中，有五处要烧香：1. 初入道场，见法会圣众，五体投地，礼拜恭敬，这时应该先烧香。2. 引入己身，行者先于身上观月轮，以致月轮中显现世尊身，为了供奉这时所显现的佛身而烧香。3. 为供奉道场所布列的诸尊而烧香。4. 正念诵经时，持诵世尊所言之妙法，就如同世尊亲临道场宣讲一样，为了供奉之而烧香。5. 观念之后，为奉送世尊而烧香。除此之外，几乎佛教的一切活动都要烧香，祭祖宗、悼亡灵也不例外。因为，佛教认为，香火是联结佛和信徒以及教友之间的纽带，因此，称彼此契合为"香火因缘"，如同结盟于宿世。香又能通人之信心于佛之使，所以称"佛使"。

　　还有，几乎佛教活动场所所陈设的一切都能与"香"挂上钩，烧香之器，称作"香炉"；置香炉之几，称作"香案"；置香案之处，称作"香亭"；香火旺盛的供佛之处，称作"香室"、"香殿"、"香刹"、"香界"等。但所有的"香"中，惟佛具有的香是最上乘的，所以称"香上佛"。

　　⑭须陀洹：梵文音译，意译"预流"、"入流"。为小乘佛教修行果位之一，声闻四果位中之初果。指通过思悟四谛之理而断灭三界见惑所达到的最初修行果位。达到此果位后，此人即进入无漏的圣道之流，故也被称为初入圣道之人。

　　⑮善男子、善女人：指信佛的男性、女性。佛教认为，做人有五种难处：1. 人身难得：据佛经讲，完全不犯五戒，或是修中品的十善，才可得人身；另外，就发心修行，一心向佛来讲，生在人道比生在天道好，因为天道中快乐颇多，生在此道中人，反而会因贪图快乐而不肯发心修行、止步不前。况且，凡佛出世，也在人道中，说法也是在人道中，所以佛经上常说人身难得而不说天身难得。2. 中国难生：如生在国外，就不容易听到佛法。3. 五根难备：所谓"五根"，即眼、耳、鼻、舌、身。"备"具备、完备。五根难备意即：一个人要眼、耳、鼻、舌、身样样具备，完好无

损很不容易。它们之中有一样不具备或损坏，都对修行不利，目盲不能看佛经、耳聋不能听佛法、舌坏不能念佛经、身残不能拜佛像等。4.善友难值："值"碰到、遇到。据佛教宣称，现在为末法时代，人心恶者多、引诱旁人做坏事者多，劝人行善者少，而劝人念佛修行的就更少了。所以，要碰到一位真正的好友很难。5.佛法难闻：经过上面的"四难"，要听到佛法，实在是很不容易。另外，不是任何世界都有佛出世，曾经有180劫空过无有佛，生在那个时代的人就听不到佛法。现时代，世间有佛法可闻，实在是幸事。如过了这个末法时代，就需等许多万万年后，未来佛弥勒出世，才可再闻佛法。所以，一个人能过"五难"，并闻佛、信佛、念佛，那么，其前生定有善根，有因缘，因此，佛教称信佛之人为善男子、善女人。

⑯善知识：佛教称谓。指善于教化众生，使众生萌发善心、进入佛道的高僧。如《法华文句》卷四载："闻名为知，见形为识，是人益我菩提之道，名善知识"。《法华经·妙庄严王品》："善知识者是大因缘，所谓化导令得见佛，发阿耨多罗三藐三菩提心。"

⑰法藏比丘四十八愿：阿弥陀佛未成佛前为法藏比丘，他曾在佛前立四十八个大心愿。在其修道成佛后果然一一实现。这四十八愿为：

1. 无三恶趣愿。2. 不更恶趣愿。
3. 悉皆金色愿。4. 无有好丑愿。
5. 宿命智通愿。6. 天眼智通愿。
7. 天耳智通愿。8. 他心智通愿。
9. 神境智通愿。10. 速得漏尽愿。
11. 住正定聚愿。12. 光明无量愿。
13. 寿命无量愿。14. 声闻无数愿。
15. 眷属长寿愿。16. 无诸不善愿。
17. 诸佛称扬愿。18. 念佛往生愿。

19. 来迎引接愿。20. 系念定生愿。

21. 三十二相愿。22. 必至补处愿。

23. 供养诸佛愿。24. 供具如意愿。

25. 说一切智愿。26. 那罗延身愿。

27. 所须严净愿。28. 见道场树愿。

29. 得辩才智愿。30. 智辩无穷愿。

31. 国土清净愿。32. 国土严饰愿。

33. 触光柔软愿。34. 闻名得忍愿。

35. 女人往生愿。36. 常修梵行愿。

37. 人天致敬愿。38. 衣服随念愿。

39. 受乐无染愿。40. 见诸佛土愿。

41. 诸根具足愿。42. 住定供佛愿。

43. 生尊贵家愿。44. 具足德本愿。

45. 住定见佛愿。46. 随意闻法愿。

47. 得不退转愿。48. 得三法忍愿。

这些愿望归根到底是要渡有情众生于彼岸，脱离苦海，永享快乐，故被比做"愿船"，正如《迦才净土论》载："阿弥陀佛与观世音、大势至，乘大愿船，浮生死海，就此娑婆世界，呼唤众生，令上大愿船。"

【白话】

佛接着告诉阿难和韦提希："第四等级为中品上生者：如果有这样的众生，他们能受持五戒、八戒，专心修行诸多戒律，不造做招致无间地狱苦果的五逆恶业，不犯各种过失，不引起各种祸患。以这样持戒的善根回向，愿求往生西方极乐世界。那么，他们临到阳寿终了之时，阿弥陀佛会在诸位比丘、菩萨的簇拥围绕之下，放射着金色的佛光，手里拿着七种宝贝合成的莲花,来到他们的住所,为其演说苦、空、诸行无常、诸法无我等等佛法,赞叹出家的好处,可以脱离种种痛苦。修行者们若能见到这样的情景,心中会自然而然的生起听闻佛法后的大欢喜,不知不觉地就发现自己的身体已坐在莲花台上,长跪合掌向佛致敬。修行者行礼还未抬头的功夫,就已经往生到了极乐世界。莲花不一会便开放,当花开的时候,可以听到各种各样的声音,无一不在赞叹四圣谛法。往生者也应时得到了阿罗汉果位。具有三明六神通,具足八种解脱的方法。以上说的,是'中品上生者'。

"第五等级为中品中生者:如果有这么一些众生,他们能受持一天一夜的八戒斋、一天一夜的沙弥戒、一天一夜的具足戒,不失威仪。以这样持戒的功德回向,愿求往生西方极乐世界,受戒香的熏修。这样的修行者在阳寿终了之时,能见到阿弥陀佛与其身边的菩萨、比丘等眷属放射着金色的光芒,手持七宝莲花来到他们的面前。他们听到空中在自然发声赞颂说'善男子,像你这样的善人,因为你能遵守过去世、现在世、未来世这三世诸佛的教化,我等特来接引你。'不知不觉中,修行者已自见已身坐在莲花上,莲花马上闭拢,由此便往生于西方极乐世界。在七宝池中度过七天后莲花才开。随着莲花的开启,修行者也睁开双目,合掌礼佛,赞叹世尊的无量功德。之后,得闻佛法而心生欢喜,得初入圣道的须陀洹果位。然后,再经半个时劫的修行,成阿罗汉。以上说的,是'中品中生者。'

"第六等级为中品下生者:若有善男信女,孝顺地供养父母,处世为人仁慈友爱,此人阳寿将终之时,若遇到善于教化他人、使之萌发善心的得道高僧为其详细地宣说阿弥陀佛极乐世界的种种快乐,宣说法藏比丘如何通过修行使其所发的四十八个大宏心愿得以实现并成就极乐世界。听说了这些教化后，该修行者立即逝世，大约大力天神一伸手臂的时间，便已往生到西方极乐世界。经过七天后，得遇观世音菩萨、大势至菩萨。听闻二位菩萨说法后，心生欢喜，即得初入圣道的须陀洹果位。又经过一小劫的修行，成阿罗汉。以上说的，是'中品下生者'。

"以上是中等往生者的情况，称为'中辈生想'，是观想法门中的'第十五观'。依照我所教授的方法修行此观想的，是正确的观想法；若按其他方法观想，便是不正确的邪观。"

【说明】

此节经文为正宗分第三部分之第二段，讲的是第十五观想法门——"中辈生想"。认为凡是能坚持戒行，不作恶事者，均属中品。根据持戒程度之不同，中品也分为上生、中生、下生三个等级。前两级的人临终时还有阿弥陀佛来迎接，第三级的人则只好自行前往了。到了净土七宝莲花中之后，中品上生的人所投生的莲花马上就开放，马上就能听到说法之声；中品中生的人要在宝池中呆七天后，莲花才开放，然后才闻法；中品下生的人要过七天，才有可能遇到观世音和大势至，听到说法。

【经文】

佛告阿难及韦提希："下品上生者：或有众生，作众恶业，虽不诽谤方等经典。如此愚人多造恶法，无有惭愧。命欲终时，遇善知识，为说大乘十二部经首题名字。以闻如是诸经名故，除却千劫极重恶业。智者复教合掌叉手，称南无阿弥陀佛①。称佛名故，除五十亿劫生死之罪。尔时彼佛，即遣化佛、化观世音、化大势至至行者前，赞言：'善男子，以汝称佛名故，诸罪消灭，我来迎汝。'作是语已，行者即见化佛光明遍满其室。见已欢喜，即便命终。乘宝莲花随化佛后，生宝池中。经七七日，莲花乃敷。当花敷时，大悲观世音菩萨及大势至菩萨放大光明，住其人前，为说甚深十二部经。闻已信解，发无上道心。经十小劫，具百法明门，得入初地，是名'下品上生者'，得闻佛名、法名、及闻僧名，闻三宝②名。即得往生。"

佛告阿难及韦提希："下品中生者：或有众生，毁犯五戒、八戒及具足戒。如此愚人，偷僧祇物③，盗现前僧物④，不净说法，无有惭愧，以诸恶业而自庄严。如此恶人，以恶业故，应堕地狱。命欲终时，地狱众火，一时俱至。遇善知识，以大慈悲，即为赞说阿弥陀佛十力⑤威德，广赞彼佛光明神力，亦赞戒⑥、定⑦、慧⑧、解脱⑨、解脱知见⑩。此人闻已，除八十亿劫生死之罪，地狱猛火，化为清凉风，吹诸天华。华上皆有化佛菩萨，迎接此人。如一念顷，即得往生七宝池中莲花之内，经于六劫，莲华乃敷。当华敷时，观世音、大势至，以梵音声安慰彼人，为说大乘甚深经典。闻此法已，应时即发无上道心，是名'下品中生者'。"

佛告阿难及韦提希："下品下生者：或有众生作不善业，五逆十恶⑪，具诸不善。如此愚人以恶业故，应堕恶道，经历多劫，受苦无穷。如此愚人，临命终时，遇善知识种种安慰，为说妙法，教令念佛。彼人苦逼，不惶念佛，善友告言：'汝若不能念彼佛者，应称无量寿佛。'如是至心，令声不绝，具足十念，称南无阿弥陀佛。称佛名故，于念念中，除八十亿劫生死之罪。命终之时，见金莲花，犹如日轮，住其人前。如一念顷,即得往生极乐世界。于莲花中满十二大劫,莲花方开。当花敷时,观世音、大势至以大悲音声,为其人广说实相,除灭罪法。闻已欢喜,应时即发菩提之心。是名'下品下生者',是名'下辈生想',名第十六观。"

【注释】

① 南无阿弥陀佛:"南无"梵文音译,亦译"南谟"、"那谟"等,意为"致敬"、"归敬"、"归命",是佛教信徒一心归顺于佛的用语。常常用来加在佛名、菩萨名或经典题名之前,表示对佛、菩萨、佛法的尊敬和虔信。"南无阿弥陀佛",又作"南无阿弥陀(引)佛陀(引)耶,"意译为"归命无量光觉"、"归命无量寿觉"等。为佛教徒最常念诵的名号。昙鸾认为一心专念"南无阿弥陀佛"名号,临命终时就可往生净土。善导《观无量寿佛经疏》卷一:"言南无者,即是归命,言阿弥陀佛者即是其行,以斯义故,必得往生。"

② 三宝:指佛、法、僧,对它们各自的含义,前面已有详解(见词条"三归")。这里要说的是,为什么要称之为"宝"?佛教认为,佛、法、僧是取之不尽,用之不竭的,一旦众生接受了它,便永远相伴相随,受用无尽,水火不能毁、盗贼不能夺。世间一切诸宝都无法与之相比。三宝是佛教的三大支柱,佛是信仰对象、法是基本教义,僧为信仰徒众,这三者缺一不可。对善男信女而言,皈依三宝,是信佛学佛的开始。僧宝是老师、法宝是教材、佛宝是发明或发现教材的人,惟有三宝齐备,所信所学的才是完整的佛教。否则,仅信三宝之中的佛宝,则同盲目的迷信鬼神无异;仅信三宝中的法宝,则和一般的学者研究学问无异;仅信三宝中的僧宝,则和常人交朋友,拜干亲无异。所以,佛教强调,凡欲与佛教结缘之人,必须首先皈依三宝。

③僧祇物：僧厨、库藏、房舍、众具、花果、树林、田园、仆畜以及僧之食物衣物等。

④现前僧物：供养于僧的物品。

⑤十力：佛教用语。指佛具有的十种智力。据《俱舍论》卷二十九、《大智度论》卷二十五记载，这十种智力为：1.知觉处非处智力。"处"，道理，知道事物理与非理的智力。2.知三世业报智力。知一切众生三世因果业报的智力。3.知诸禅解脱三昧智力，知晓各种禅定，解脱的智力。4.知众生上下根智力，知晓众生能力、性质优劣的智力。5.知种种解智力。知晓众生的种种知解的智力。6.知种种界智力。知晓众生素质和境界的智力。7.知一切至处道智力。知晓转生人、天及达到涅槃等因果的智力。8.知天眼无碍智力，以天眼见知众生的生及善恶业缘的智力。9.知宿命无漏智力。知众生宿命和无漏涅槃的智力。10.知永断习气智力。知永断烦恼惑业不再流转生死的智力。另据《华严经》《首楞严三昧经》等载，菩萨也具有"十力"：深心力、增上深心力、方便力、智力、愿力、行力、乘力、神变力、菩提力、转法轮力。

在有的经籍文献中，"十力"指称"如来"：僧肇《维摩诘经》注"十力是如来的别称耳。十力备，故即以为名。"唐代辩机《〈大唐西域记〉赞》："道不虚行，弘在明德。遂使三乘奥义，郁于千载之下；十力遗灵，闷于万里之外。"唐代王维《西方变画赞序》："唯靠十力所护，岂与百子之赎。"

⑥戒：梵语"尸罗"之意译，意为"惯行"，转意为"行为"、"道德"、"习惯"、"虔诚"等。佛教名词。亦称增上（卓越）戒学，指戒律。广义上说，善恶习惯皆可称戒，如善习称善戒（善律仪），恶习称恶戒（恶律仪）。但佛教通常当作善戒、净戒使用，特指为出家和非出家的信徒制度的戒规，用以防非止恶。《优婆塞戒经》："戒者名制，能制一切不善法故。"《大乘义章》卷一："言尸罗者，此名清凉，亦名为戒。三业炎火，禁烧行人，事等如烧，

戒能防息，故名清凉。清凉之名，正翻彼也。以能防禁，故名为戒。"戒与定、慧共称三学，为大乘六度之一，称为戒度。

相传，释迦牟尼佛时已制定戒律，后来的佛教学者又根据僧伽集团的生活变化，逐渐增制戒律，以致逐渐发展成为三藏中的律藏，对于戒体、戒法、戒行、戒相和受戒仪式等各方面都有详细的说明和规定，旨在防止行为、语言、思想三方面的过失。由于大小乘不同，其戒律也有所不同；对出家的僧侣和在家的居士也有所区别。小乘重视专门用抑制的手段来养成杜绝恶行的习惯，为了适应信徒在家、出家，男、女之别，制定了五戒、八戒、十戒、具足戒等。大乘则强调不避烦恼和积极克服烦恼，称小乘所定戒条为"声闻戒"，虽亦遵循，然另外还制定了大乘戒，或称"菩萨戒"加以补充。

⑦定：即"三昧"（详解见该词条）。

⑧慧：佛教名词。小乘佛教说一切有部大地法之一，法相宗别境之一。指通达事理、决断疑念取得决断性认识的精神活动。《俱舍论》卷四："慧谓于法能有简择"。《大乘义章》卷二："于缘决定为慧"。卷十："观达为慧"。卷二十："慧者据行方便观达名慧。"就实以论，真心体明，自性无暗，目之为慧。《大乘广五蕴论》："云何慧？谓即于彼择法为性，……断疑为业，慧能简择，于诸法中，得决定故。"《唯识论》卷九："云何为慧，于所观境简择为性，断疑为业，谓观得失俱非境中，由慧推求，得决定故。"亦指佛教特有的智慧，如称定、慧双修，戒、定、慧三学等，"慧"均有体识、智慧之义。

⑨解脱：佛教名词。指摆脱世俗烦恼和束缚而得到宗教精神上的自由。《成唯识论述记》卷一："解谓离缚，脱为自在。""纵任无碍，尘累不能拘，解脱也。"《华严大疏》卷五："言解脱者，谓作用自在。"广义上说，摆脱世俗任何束缚，在宗教精神上感到自由，均可用以称之。《显扬圣教论》卷十三："能脱种种贪等系

缚，故名解脱。"如从"三界"束缚中得到解脱，分别名为"欲尘解脱"、"色尘解脱"、"无色尘解脱"；由修习所断烦恼不同而分为"见所断烦恼解脱"、"修所断烦恼解脱"等。

此外，"解脱"被用以特指断绝"生死"原因，不再拘于业报轮回，与"涅槃"、"圆寂"的含义相通。《成唯识论述记》卷一："言解脱者，体即圆寂。由烦恼障缚诸有情，恒处生死；证圆寂已，能离彼缚，立解脱名。"有的经籍称这一意义上的解脱为"无为解脱"；而把以"胜解"为体的解脱，称作"有为解脱"。所谓"胜解"指对佛教义理的殊胜理解，由此从各种系缚中解脱出来，所以也名为"慧解脱"。《大乘义章》卷二："言解脱者，自体无累，名为解脱；又免羁缚，亦曰解脱。"

另外，就其能从世俗绳索中摆脱出来，或能趋向涅槃而言，某些禅定也被称为解脱。有"三解脱"、"八解脱"、"不可思议解脱"等。

⑩解脱知见：佛教名词。佛教认为，在修得解脱后，心不为外界所累，就能专心读诸种佛经、体悟佛理正道，智慧自然日见增长。最终达到佛教修行的最高境界，故称"解脱知见"。《俱舍论》卷二十九、《大智度论》卷二十五等，还以之为佛所具有的十种智力之一，被称为"后得智"。

⑪十恶：佛教用语。指佛教所说的十项罪业，与"十善"相对。据《法界次第初门》卷上之下，它们是：1.杀生。2.偷盗。3.邪淫。4.妄语。5.两舌(亦译"离间语")。6.恶口(亦译"粗恶语")。7.绮语(亦译"杂秽语")。8.贪欲。9.嗔恚。10.邪见。拔正因果，求僻信福。此十者，并乖理而起，故名恶；又此十恶为苦报之业因，故名曰十恶业，又云十不善业；又此十业能通苦报，故又名十不善道，又曰十恶业道。

【白话】

释迦牟尼佛接着对阿难和韦提希说:"第七等级为下品上生者:如果有的众生,做了各种恶事,造成恶业,但不诽谤大乘经典。像这样愚蠢的人,造下如此多的恶业而浑然不觉,丝毫没有惭愧忏悔之意。这样的人在他们阳寿将尽之时,若遇到善于教化众生、使之萌发善心的得道高僧为其解说大乘十二部经之经名,那么,他们会因听闻了这些经典名称的缘故,而消除千劫极重的恶业;高僧还会教他们叉手合十,向佛恭敬行礼,称念'南无阿弥陀佛',因称念佛名的缘故,又可以消除五十亿劫的生死轮回之苦罪。这时,阿弥陀佛会派遣化身佛、化身观世音、化身大势至来到他们面前,称赞说:'男子,因为你称念阿弥陀佛名号之缘故,所犯罪业都以消除,我等现在前来迎接你。'话音刚落,其人就看见化身佛的光明照遍屋子,心中无限欢喜,接着命终。马上乘坐宝莲花,跟随在化身佛后面,往生到了极乐世界的七宝池中。经过七七四十九天,莲花才开放。当花开的时候,大慈大悲的观世音菩萨和大势至菩萨放射出巨大的光明,停在其人面前,为他演说深奥的十二部经。听闻此经后,其人因信生解,发求无上菩提道心,然后经过十小劫,具足百法明门,得欢喜地(即初地)菩萨的智慧。这就是下品上生者,他们听闻佛、法、僧这三宝的名,就能往生西方极乐世界。"

佛告诉阿难和韦提希:"第八等级为下品中生者,如果有的众生,不遵守五戒、八戒及具足戒。像这样愚蠢的人,偷窃僧伽寺庙和施主供养僧人的东西,心不宁静纯洁,以妄语说法。做了如此多的恶业,不但全无惭愧忏悔之意,反而以之为荣。如此恶人,造做如此多的恶业,按理死后应该打入地狱。在他阳寿将尽之时,地狱内各种烈火一起燃烧眼前,在这个时候,如果遇到善于教化众生、使之萌发善心的得道高僧，以他那大慈大悲之心，为此恶人及时赞说阿弥陀佛所具有的十种智力的威德、阿弥陀佛的光明神力以及戒、定、慧、解脱、解脱知见的五分法身。那么，其人会因听说这些法理而消除八十亿劫生死轮回之罪，地狱的烈火也会化为清凉可人的柔风，轻轻吹拂天花飘移，每朵天花上都有化身菩萨来迎接此人。只在一闪念的须臾间，就已经往生到了西方极乐世界七宝池中的莲花之内。经过六劫的时间，莲花才开放。当莲花开放时，观世音菩萨、大势至菩萨会用清净纯妙的法音来安慰其人，为他解说深奥的大乘经典。其人听闻了经法后，立即发无上菩提心，这就是下品中生者。"

佛告诉阿难及韦提希："第九等级为下品下生者。如果有的众生造作十不善业，五逆重罪俱全，可谓十恶不赦。如此愚陋之人，因其恶业实在太多，本应堕入畜生、饿鬼、地狱三恶道中，经历诸多时劫，经受无穷无尽的苦难烦恼。像这样愚陋的人，在阳寿将尽之时，若遇到善于教化众生、使之萌发善心的得道高僧，为其宣说美妙佛法，教他念佛法门，并且安慰他。此人因被地狱之苦煎逼折磨太甚，根本没有时间来念佛。这位高僧就指点他说：'你若没有时间系念所有诸佛的话，至少应当称念无量寿佛。'如果这个人果真能像高僧说得那样专心一意地称念佛名，让念佛之声不断。如果称念'南无阿弥陀佛'满十遍之多，那么这个人会因此在刹那之间消除八十亿劫生死之罪。此人阳寿终了之时，会见到一朵金色的莲花，犹如太阳圆轮，停在自己面前。一闪念的功夫，便已往生到西方极乐净土，在七宝莲池中停留，等满了十二大劫，莲花才会开放。当莲花开放的时候，观世音菩萨和大势至菩萨将用大悲音声，为其人广说诸法无生无灭的实相和除灭罪孽的修行方法。其人听闻教法后心生欢喜，应时即发菩提之心。这便是下品下生者。

"以上说了下等往生者的情况，称为'下辈生想'，是观想法门中的第十六观。"

【说明】

一、此节经文为正宗分第三部分之第三段，讲的是"第十六观想法门"——"下辈生想"。凡是名列下品的众生都是曾犯戒造诸恶业者，根据所犯罪业程度的不同，他们也被分成下品上生、下品中生、下品下生三个等级。临终时，只有佛、菩萨的化身去迎接。下品上生者，投生莲花中后，需经21天莲花才开放。然后才能见到观世音菩萨和大势至菩萨；下品中生者，则要经过六劫，才能听到观音、势至为他们说法；下品下生者则要在莲花中关闭12大劫，才能听到观世音、大势至两位菩萨的讲经。

二、第三部分主要讲佛教根据众生生前修为之不同，将愿意往生西方极乐世界的人分为三品九等级，每一等级的境况待遇各不相同。从中我们可以体悟到佛教为了劝人止恶从善、信仰佛教所费的一番苦心。经文描绘了西方净土这一美妙的极乐天堂，希望大家都信任它，并且宣称，阿弥陀佛要接引一切众生到这个净土去。既然如此，自然不能抛弃任何一个信仰者。然而，信仰者既然人数众多，情况也就各不相同，有的虔诚，有的则可能曾经谤佛骂经；有的修善积德，有的则可能造下五逆十恶之大罪。如果让每个人都毫无差别地往生净土去享福，那么现世的修善又有什么意义，造恶又何需有所顾忌？所以必须区别对待，分出个三六九等。

但是，经中宣称无论何人，哪怕犯下五逆十恶之大罪，只要临死时念十声佛，就可往生净土。这种说法带来一些问题。如某书记载唐时有一个名叫雄俊的僧人，生前作恶多端，死后阎王判他下地狱。雄俊便大声反对说："我如果下地狱，三世诸佛都是在说谎骗人。"阎王说："佛不会说谎骗人。"雄俊说："我虽然犯了罪，但还没到犯五逆的地步，而我不知念了多少声佛，应该往生西方净土"。他的话刚说完，就乘莲花往生西方了。由此看来，此经中的说法实际上起到纵容人做坏事，并保证做坏事可以不受惩罚的作用，这肯定是这部经所始料不及的。

从经中对三品九等的述说中，我们了解到净土宗是主张带业往生的。按照一般的佛教理论，菩萨以其大慈大悲之心和神力来世间救度众生，凡夫以前世所造之业来世间接受果报。在接受果报的同时又再造业，不论造的是善业还是恶业，均不能出离三界。造大恶业则下堕三恶道受罪报；造大善业则上升天界享天福；若既造善业也造恶业，则生人间和神道，既受苦报也享福报，但基本上是苦多乐少。只有修行清净的解脱业，即除了五戒、十善的善业外，还要修习"定"、"慧"，直至烦恼断灭，消除受果报之业因，这样才能出离生死，永出三界。

而《观无量寿佛经》则认为，凡夫俗子只要能够深信阿弥陀佛及其所教化的西方极乐世界的存在，并且发心愿往生西方净土，那么此人纵有生死重罪、无数恶业，只要在他临命终时能持念阿弥陀佛的名号（至少十声），即可仰仗阿弥陀佛之大愿力而横出三界，往生净土。到了极乐世界，由于良好殊胜的环境，不但没有再造恶业的机会，而且经过长期的佛法的教化，还可使先前所造的恶业种子渐渐萎缩，不再发芽、生长而接受果报。这就是净土的带业往生理论。这一理论以其殊胜方便而广为信徒接纳。

【经文】

尔时世尊,说是语时,韦提希与五百侍女,闻佛所说,应时即见,极乐世界广长之相,得见佛身及二菩萨。心生欢喜,叹未曾有。豁然大悟,得无生忍。五百侍女发阿耨多罗三藐三菩提心,愿生彼国。世尊悉记,皆当往生。生彼国已,获得诸佛现前三昧。无量诸天,发无上道心。

【白话】

当释迦牟尼佛说此经法的时候,韦提希夫人和她的五百名侍女都在认真聆听,心领神受。所以,听完之后,就看见西方极乐世界无边无垠美妙绝伦的景象,看见教主阿弥陀佛及其胁侍观世音菩萨和大势至菩萨。心中无限欢喜,为从未见过如此的盛况奇景而感慨万千,一时间豁然开悟,证得无生无灭的诸法实相,得无生法忍。五百名侍女发愿心求取无上正等正觉的佛智慧,愿求生西方极乐世界,释迦牟尼佛全部为她们授记,说他们将全部往生西方极乐世界。只要一往生到西方极乐世界,便可获得诸佛现前正定。听闻此法的无数诸天神人,也在此立下求取无上菩提的大道心。

【说明】

此节经文为得益分。"得"即"得到",此处指获得或成就佛教的某种思想、功德或事业;"益"指"利益"、"好处"。所谓得益分,主要说明听闻佛法者所获得的对法理的正悟以及各种好处。比如这段经文,就讲了韦提希皇后及其五百名侍女在听闻佛法后皆"豁然开悟",得无生法忍,即认识到了诸法无生无灭这一"真实道理",并得佛授记,死后往生极乐世界。

【经文】

尔时,阿难即从座起,白佛言:"世尊,当何名此经?此法之要,当云何受持?"

佛告阿难:"此经名《观极乐国土无量寿佛观世音菩萨大势至菩萨》,亦名《净除业障生诸佛前》。汝等受持,无令忘失。行此三昧者,现身得见无量寿佛及二大士,若善男子及善女人,但闻佛名、二菩萨名,除无量劫生死之罪,何况忆念。若念佛者,当知此人即是人中芬陀利花①。观世音菩萨,大势至菩萨为其胜友②,当坐道场③,生诸佛家。"

佛告阿难:"汝好持是语,持是语者,即是持无量寿佛名。"佛说此语时,尊者目犍连、尊者阿难及韦提希等闻佛所说,皆大欢喜。

【注释】

① 芬陀利花:印度五种莲花之一,白色,其花花瓣为百叶,叶叶相承,圆整可爱;最外的花瓣为纯白色,渐次向内为微黄,直至中心接近花蕊色,且极香。其余四种莲花为:1.优钵罗花,为青色。2.拘物头花,为黄色。3.波头摩花,为赤色。4.泥卢钵罗。通常所说的莲花皆指芬陀利花。莲花是水生植物,又称莲、芙蕖、荷花、菡萏、水芙蓉。本为印度本土受人喜爱的花卉,后成为佛门崇奉的圣花,是高洁、性恬淡、清净、出污泥而不染的佛性的象征,所以,凡往生西方净土的人都是由莲花化生的。

② 胜友:指高明的朋友、良友。王勃《滕王阁序》:"十旬休暇,胜友如云;千里逢迎,高朋满座。"

古印度有一高僧名胜友。其梵文音译为"毗世沙蜜多罗",又译为"胜亲"。为唯识宗十大论师之一。据《成唯识论述记》卷一本载，为古印度摩揭陀国那烂陀寺僧，以善讲唯识、"高谈"而闻名于时。

③道场：梵文"菩提曼罗"之意译。佛教术语。含义较多：1.指佛成道之所。如《大唐西域记》卷八："释迦成道之处为道场"。2.指修行所居之阶位。《维摩诘经·菩萨品》曰："三十七品是道场。"3.指供佛祭祀的地方。《止观辅行弘传决》卷二："今以供佛之处名为道。"4.指修行学道之处。5.隋炀帝诏天下寺院为道场。《佛祖统纪》卷三十九："隋大业九年，诏改天下寺曰道场。"6.指某些法会，如"水陆道场"、"慈悲道场"等。

【白话】

这时，阿难从座位上站起来，恭敬地询问佛说："世尊，这部经拟用什么名字？所讲观想法门之精要核心，应当如何把握受持？"

释迦牟尼佛对阿难说："这部经的经名为《观极乐国土无量寿佛观世音菩萨大势至菩萨》，也可以称为《净除业障往生诸佛》。你们应当好好地记忆受持，不要忘记。按照这种观想法门修习禅定的人，今生今世便会见到无量寿佛和观世音菩萨、大势至菩萨。善男信女只要听闻了阿弥陀佛和二位菩萨的名号，就可除却无数无量劫生死之罪，更何况那些忆念观想、受持不怠者。若有人修持念佛法门，应该肯定他乃是人间少有的善士，是世间难得见到的百宝莲花，观世音菩萨和大势至菩萨是他的良师益友，其人必将转生于善信诸佛的人家，得善法师演说佛法。"

佛最后告诉阿难："你要好好记住我这些话，记持摄受我的话,即是记持摄受无量寿佛之名。"佛说到这儿,目犍连长者、阿难尊者及韦提希夫人等闻听佛所说,皆大欢喜!

【说明】

此节经文为流通分。所谓流通分,也就是现在常说的结束语,内容一般都为再次叮嘱弟子记住经中所言之法,并使其广播流传。

这段经文主要讲阿难向释迦牟尼佛征询所讲经法之名称和如何受持此法之精要等内容。

至此,我们注译了四门:序分、正宗分、得益分、流通分。为善导大师所言之第一会——佛陀在王宫正说。

【经文】

尔时,世尊足步虚空,还耆阇崛山。尔时,阿难广为大众说如上事。无量诸天、龙①、夜叉②,闻佛所说皆大欢嘉,礼佛而退。

【注释】

① 龙:梵文"那伽"之意译,佛教天神"八部"之一。本为印度神话中之蛇神,具有呼风唤雨之神力,后为佛教吸收沿用,成为守护佛法之异类。群龙之首称为龙王或龙神。据《佛母大孔雀明王经》卷上载:"龙王或行于地上,或常居于空中,或恒依妙高山,或住于水中;或一首、二首乃至多头之龙王;或无足、二足、四足乃至多足之龙王等。"此外,亦有护法之八大龙王,及"龙女成佛"之记载。

另据《正法念处经》卷十八《畜牲品》载:龙王摄属于畜生趣、乃愚痴、嗔恚之人所受之果报,其住所称为戏乐城,分为法行龙王、非法行龙王两种。1. 法行龙王有七头，如象面、婆修吉、得叉迦、跋陀罗等诸龙王，嗔恚之心薄，忆念福德，随顺法行，故不受热沙之苦，以善心依时降雨，令世间五谷成熟。2. 非法行龙王有波罗摩梯、毗谋林婆、迦罗等龙王，不顺法行，行不善法，不敬沙门、婆罗门之故，常受热沙之苦，以恶心起恶云雨，令一切五谷皆悉弊恶。

②夜叉：梵文音译，亦译"药叉"，意译"能啖鬼"、"捷疾鬼"、"勇健"、"轻捷"、"秘密"等。"天龙八部"之一，是一种能在虚空中飞行的鬼，属神道类。据《玄应音义》卷三载："阅叉，或云夜叉，皆讹也，正言药叉，此译云能啖鬼，谓食啖人也；又云伤者，谓能伤害人也。"据说，他们行动轻疾、勇健、能腾空、能土遁，以供神驱使，充当走卒。在佛教中，夜叉很多，比较著名的有《陀罗尼集经》记载的"十六夜叉大将"，它们是：1. 达里底啰瑟吒大将。2. 禁毗噜大将。3. 嚩日噜大将。4. 迦尾噜大将。5. 弥睹吒大将。6. 哆怒毗大将。7. 阿你噜大将。8. 娑你噜大将。9. 印捺噜大将。10. 波夷噜大将。11. 摩尾噜大将。12. 娇尾噜大将。13. 真特噜大将。14. 嚩吒徒噜大将。15. 尾迦噜大将。16. 俱吠噜大将。这十六位夜叉大将各有7000小夜叉，声势十分浩大。另据《大日经疏》记载，毗沙门天王（北方多闻天王）麾下亦有"夜叉八大将"。责任是保护众生。它们是：1. 摩尼跋陀罗，译作"宝贤"。2. 布噜那跋陀罗，译作"满贤"。3. 半枳迦。4. 沙多祁里。5. 醯摩芃多，即"住雪山者"。6. 毗洒迦。7. 阿吒嚩迦。8. 半遮罗。

【白话】

这时，世尊庄严起座，足步虚空，如履平地，回到了耆阇崛山。然后，阿难长者再向诸大众转述佛所言法理。无量诸天之神、天龙、夜叉等，听闻了佛所讲的《观无量寿佛经》，皆大欢喜，一一遥向佛，行礼而退。

【说明】

一、此节经文为第二会，即阿难尊者为耆阇崛山的大众复述佛陀在王室正宫所宣讲的佛理。

二、我们进一步说明一下"龙"这个词。龙的概念在印度与在中国有所不同，印度称之为龙者，是水生蛇形鬼类，是对蛇的神化。在古印度神话中，其形象为人面蛇尾，为迦叶波之妻歌头所生，种族有一千，住于地下或地下龙宫。此外，在印度，自古就有称为那伽（龙之梵文音译）的种族，他们不属于雅利安人种，散居于现今印度东北阿萨密地区及缅甸西北部等，崇拜龙蛇，有龙城之名，今仍存于各地。至今，在那里还流传着龙王教化的故事，有的学者认为，这反映了那伽种族皈依佛教的历史。

中国所谓龙者，据考为上古的图腾崇拜物。对其到底为何物？历来众说纷纭，一说是恐龙，一说为巨蜥，更多的人认为是集中了许多动物特点而创造的崇拜物，亦或为已经灭绝的某种动物。但它绝非印度所言之蛇，因中国之龙有鳞，而蛇无鳞。不管怎么说，不管其为何物，龙神一直都是中国人特殊崇拜的吉祥物。中国之龙，亦有多种：有鳞者，称为蛟龙；有翼者，称为应龙；有角者，称为虬龙；无角者，称为螭龙；不升天者称为蟠龙。龙族亦名目繁多，有龙生九子之说。

佛教传入中国之后，中国龙和印度的蛇神在佛教中合二为一。佛教名山五台山有很多龙王、龙子皈依佛教、皈依文殊菩萨的传说故事，且在寺庙中供奉龙王菩萨。又有文殊菩萨于龙宫借宝，将歇龙石（清凉石）搬至五台，引起五百小龙大战文殊，消平五个山顶之说。从中我们可以看出，中国文化和印度文化在多方面的重合与渗透。

三、最后，我们解释一下"八部众"："八部众"又称"八部"、"天龙八部"、"龙神八部"。为佛教天神，守护佛法。据《舍利弗问经》等记载，这"八部众"为：1.天众，即天上的人们。2.龙众：即众多的龙。3.夜叉：一种可在虚空中飞行的鬼。4.乾闼婆：为玉帝处管音乐的神。5.阿修罗。6.迦楼罗：即金翅鸟，据说此鸟金翅展示有三百三十六万里，专门食龙。7.紧那罗：像人形，但头上有角，为玉帝处管乐器的神。8.摩㬿罗迦，即大蟒，又称地龙。据说，"八部"中，天众和龙众最显神灵。